致力于绿色发展的城乡建设

城市密度与强度

全国市长研修学院系列培训教材编委会　编写

中国建筑工业出版社

审图号：GS（2019）3813号

图书在版编目（CIP）数据

城市密度与强度／全国市长研修学院系列培训教材编委会
编写．—北京：中国建筑工业出版社，2019.7（2020.11重印）
（致力于绿色发展的城乡建设）
ISBN 978-7-112-23966-5

Ⅰ．①城…　Ⅱ．①全…　Ⅲ．①城乡建设－研究－中国－
现代　Ⅳ．①F299.21

中国版本图书馆CIP数据核字（2019）第138478号

责任编辑：尚春明　咸大庆　郑淮兵　焦　阳
责任校对：张惠雯

致力于绿色发展的城乡建设
城市密度与强度
全国市长研修学院系列培训教材编委会　编写

*

中国建筑工业出版社出版、发行（北京海淀三里河路9号）
各地新华书店、建筑书店经销
北京锋尚制版有限公司制版
北京富诚彩色印刷有限公司印刷

*

开本：787×1092毫米　1/16　印张：9　字数：141千字
2019年11月第一版　　2020年11月第二次印刷
定价：76.00元
ISBN 978-7-112-23966-5
（34243）

全国市长研修学院系列培训教材编委会

主　　　任：王蒙徽

副　主　任：易　军　倪　虹　黄　艳　姜万荣
　　　　　　常　青

秘　书　长：潘　安

编　　　委：周　岚　钟兴国　彭高峰　由　欣
　　　　　　梁　勤　俞孔坚　李　郇　周鹤龙
　　　　　　朱耀垠　陈　勇　叶浩文　李如生
　　　　　　李晓龙　段广平　秦海翔　曹金彪
　　　　　　田国民　张其光　张　毅　张小宏
　　　　　　张学勤　卢英方　曲　琦　苏蕴山
　　　　　　杨佳燕　朱长喜　江小群　邢海峰
　　　　　　宋友春

组 织 单 位：中华人民共和国住房和城乡建设部
　　　　　　　　（编委会办公室设在全国市长研修学院）

办 公 室 主 任：宋友春（兼）

办公室副主任：陈　付　逄宗展

贯彻落实新发展理念
推动致力于绿色发展的城乡建设

习近平总书记高度重视生态文明建设和绿色发展，多次强调生态文明建设是关系中华民族永续发展的根本大计，我们要建设的现代化是人与自然和谐共生的现代化，要让良好生态环境成为人民生活的增长点、成为经济社会持续健康发展的支撑点、成为展现我国良好形象的发力点。生态环境问题归根结底是发展方式和生活方式问题，要从根本上解决生态环境问题，必须贯彻创新、协调、绿色、开放、共享的发展理念，加快形成节约资源和保护环境的空间格局、产业结构、生产方式、生活方式。推动形成绿色发展方式和生活方式是贯彻新发展理念的必然要求，是发展观的一场深刻革命。

中国古人早就认识到人与自然应当和谐共生，提出了"天人合一"的思想，强调人类要遵循自然规律，对自然要取之有度、用之有节。马克思指出"人是自然界的一部分"，恩格斯也强调"人本身是自然界的产物"。人类可以利用自然、改造自然，但归根结底是自然的一部分。无论从世界还是从中华民族的文明历史看，生态环境的变化直接影响文明的兴衰演替，我国古代一些地区也有过惨痛教训。我们必须继承和发展传统优秀文化的生态智慧，尊重自然，善待自然，实现中华民族的永续发展。

随着我国社会主要矛盾转化为人民日益增长的美好生活需要和不平衡不充分的发展之间的矛盾，人民群众对优美生态环境的需要已经成为这一矛盾的重要方面，广大人民群众热切期盼加快提高生态环境和人居环境质量。过去改革开放 40 年主要解决了"有没有"的问题，现在要着力解决"好不好"的问题；过去主要追求发展速度和规模，现在要更多地追求质量和效益；过去主要满足温饱等基本需要，现在要着力促进人的全面发展；过去发展方式重经济轻环境，现在要强调"绿水青山就是金山银山"。我们要顺应新时代新形势新任务，积极回应人民群众所想、所盼、所急，坚持生态优先、绿色发展，满足人民日益增长的对美好生活的需要。

我们应该认识到，城乡建设是全面推动绿色发展的主要载体。城镇和乡村，是经济社会发展的物质空间，是人居环境的重要形态，是城乡生产和生活活动的空间载体。城乡建设不仅是物质空间建设活动，也是形成绿色发展方式和绿色生活方式的行动载体。当前我国城乡建设与实现"五位一体"总体布局的要求，存在着发展不平衡、不协调、不可持续等突出问题。一是整体性缺乏。城市规模扩张与产业发展不同步、与经济社会发展不协调、与资源环境承载力不适应；城市与乡村之间、城市与城市之间、城市与区域之间的发展协调性、共享性不足，城镇化质量不高。二是系统性不足。生态、生产、生活空间统筹不够，资源配置效率低下；城乡基础设施体系化程度低、效率不高，一些大城市"城市病"问题突出，严重制约了推动形成绿色发展方式和绿色生活方式。三是包容性不够。城乡建设"重物不重人"，忽视人与自然和谐共生、人与人和谐共进的关系，忽视城乡传统山水空间格局和历史文脉的保护与传承，城乡生态环境、人居环境、基础设施、公共服务等方面存在不少薄弱环节，不能适应人民群众对美好生活的需要，既制约了经济社会的可持续发展，又影响了人民群众安居乐业，人民群众的获得感、幸福感和安全感不够充实。因此，我们必须推动"致力于绿色发展的城乡建设"，建设美丽城镇和美丽乡村，支撑经济社会持续健康发展。

我们应该认识到，城乡建设是国民经济的重要组成部分，是全面推动绿色发展的重要战场。过去城乡建设工作重速度、轻质量，重规模、轻效益，重眼前、轻长远，形成了"大量建设、大量消耗、大量排放"的城乡建设方式。我国每年房屋新开工面积约20亿平方米，消耗的水泥、玻璃、钢材分别占全球总消耗量的45%、40%和35%；建筑能源消费总量逐年上升，从 2000 年 2.88 亿吨标准煤，增长到 2017 年 9.6 亿吨标准煤，年均增长 7.4%，已占全国能源消费总量的 21%；北方地区集中采暖单位建筑面积实际能耗约 14.4 千克标准煤；每年产生的建筑垃圾已超过 20 亿吨，约占城市固体废弃物总量的 40%；城市机动车排放污染日趋严重，已成为我国空气污染的重要来源。此外，房地产业和建筑业增加值约占 GDP 的 13.5%，产业链条长，上下游关联度高，对高能耗、高排放的钢铁、建材、石化、有色、化工等产业有重要影响。因此，推动"致力于绿色发展的城乡建设"，转变城乡建设方式，推广适于绿色发展的新技术新材料新标准，建立相适应的建设和监管体制机制，对促进城乡经济结构变化、促进绿色增长、全面推动形成绿色发展方式具有十分重要的作用。

时代是出卷人，我们是答卷人。面对新时代新形势新任务，尤其是发展观的深刻革命和发展方式的深刻转变，在城乡建设领域重点突破、率先变革，推动形成绿色发展方式和生活方式，是我们责无旁贷的历史使命。

推动"致力于绿色发展的城乡建设"，走高质量发展新路，应当坚持六条基本原则。一是坚持人与自然和谐共生原则。尊重自然、顺应自然、保护自然，建设人与自然和谐共生的生命共同体。二是坚持整体与系统原则。统筹城镇和乡村建设，统筹规划、建设、管理三大环节，统筹地上、地下空间建设，不断提高城乡建设的整体性、系统性和生长性。三是坚持效率与均衡原则。提高城乡建设的资源、能源和生态效率，实现人口资源环境的均衡和经济社会生态效益的统一。四是坚持公平与包容原则。促进基础设施和基本公共服务的均等化，让建设成果更多更公平惠及全体人民，实现人与人的和谐发展。五是坚持传承与发展原则。在城乡建设中保护弘扬中华优秀传统文化，在继承中发展，彰显特色风貌，让居民望得见山、看得见水、记得住乡愁。六是坚持党的全面领导原则。把党的全面领导始终贯穿"致力于绿色发展的城乡建设"的各个领域和环节，为推动形成绿色发展方式和生活方式提供强大动力和坚强保障。

推动"致力于绿色发展的城乡建设",关键在人。为帮助各级党委政府和城乡建设相关部门的工作人员深入学习领会习近平生态文明思想,更好地理解推动"致力于绿色发展的城乡建设"的初心和使命,我们组织专家编写了这套以"致力于绿色发展的城乡建设"为主题的教材。这套教材聚焦城乡建设的 12 个主要领域,分专题阐述了不同领域推动绿色发展的理念、方法和路径,以专业的视角、严谨的态度和科学的方法,从理论和实践两个维度阐述推动"致力于绿色发展的城乡建设"应当怎么看、怎么想、怎么干,力争系统地将绿色发展理念贯穿到城乡建设的各方面和全过程,既是一套干部学习培训教材,更是推动"致力于绿色发展的城乡建设"的顶层设计。

专题一:明日之绿色城市。面向新时代,满足人民日益增长的美好生活需要,建设人与自然和谐共生的生命共同体和人与人和谐相处的命运共同体,是推动致力于绿色发展的城市建设的根本目的。该专题剖析了"城市病"问题及其成因,指出原有城市开发建设模式不可持续、亟需转型,在继承、发展中国传统文化和西方人文思想追求美好城市的理论和实践基础上,提出建设明日之绿色城市的目标要求、理论框架和基本路径。

专题二:绿色增长与城乡建设。绿色增长是不以牺牲资源环境为代价的经济增长,是绿色发展的基础。该专题阐述了我国城乡建设转变粗放的发展方式、推动绿色增长的必要性和迫切性,介绍了促进绿色增长的城乡建设路径,并提出基于绿色增长的城市体检指标体系。

专题三:城市与自然生态。自然生态是城市的命脉所在。该专题着眼于如何构建和谐共生的城市与自然生态关系,详细分析了当代城市与自然关系面临的困境与挑战,系统阐述了建设与自然和谐共生的城市需要采取的理念、行动和策略。

专题四:区域与城市群竞争力。在全球化大背景下,提高我国城市的全球竞争力,要从区域与城市群层面入手。该专题着眼于增强区域与城市群的国际竞争力，分析了致力于绿色发展的区域与城市群特征，介绍了如何建设具有竞争力的区域与城市群，以及如何从绿色发展角度衡量和提高区域与城市群竞争力。

专题五：城乡协调发展与乡村建设。绿色发展是推动城乡协调发展的重要途径。该专题分析了我国城乡关系的巨变和乡村治理、发展面临的严峻挑战，指出要通过"三个三"（即促进一二三产业融合发展，统筹县城、中心镇、行政村三级公共服务设施布局，建立政府、社会、村民三方共建共治共享机制），推进以县域为基本单元就地城镇化，走中国特色新型城镇化道路。

专题六：城市密度与强度。城市密度与强度直接影响城市经济发展效益和人民生活的舒适度，是城市绿色发展的重要指标。该专题阐述了密度与强度的基本概念，分析了影响城市密度与强度的因素，结合案例提出了确定城市、街区和建筑群密度与强度的原则和方法。

专题七：城乡基础设施效率与体系化。基础设施是推动形成绿色发展方式和生活方式的重要基础和关键支撑。该专题阐述了基础设施生态效率、使用效率和运行效率的基本概念和评价方法，指出体系化是提升基础设施效率的重要方式，绿色、智能、协同、安全是基础设施体系化的基本要求。

专题八：绿色建造与转型发展。绿色建造是推动形成绿色发展方式的重要领域。该专题深入剖析了当前建造各个环节存在的突出问题，阐述了绿色建造的基本概念，分析了绿色建造和绿色发展的关系，介绍了如何大力开展绿色建造，以及如何推动绿色建造的实施原则和方法。

专题九：城市文化与城市设计。生态、文化和人是城市设计的关键要素。该专题聚焦提高公共空间品质、塑造美好人居环境，指出城市设计必须坚持尊重自然、顺应自然、保护自然，坚持以人民为中心，坚持以文化为导向，正确处理人和自然、人和文化、人和空间的关系。

专题十：统筹规划与规划统筹。 科学规划是城乡绿色发展的前提和保障。该专题重点介绍了规划的定义和主要内容，指出规划既是目标，也是手段；既要注重结果，也要注重过程。提出要通过统筹规划构建"一张蓝图"，用规划统筹实施"一张蓝图"。

专题十一：美好环境与幸福生活共同缔造。 美好环境与幸福生活共同缔造，是促进人与自然和谐相处、人与人和谐相处，构建共建共治共享的社会治理格局的重要工作载体。该专题阐述了在城乡人居环境建设和整治中开展"美好环境与幸福生活共同缔造"活动的基本原则和方式方法，指出"共同缔造"既是目的，也是手段；既是认识论，也是方法论。

专题十二：政府调控与市场作用。 推动"致力于绿色发展的城乡建设"，必须处理好政府和市场的关系，以更好发挥政府作用，使市场在资源配置中起决定性作用。该专题分析了市场主体在"致力于绿色发展的城乡建设"中的关键角色和重要作用，强调政府要搭建服务和监管平台，激发市场活力，弥补市场失灵，推动城市转型、产业转型和社会转型。

绿色发展是理念，更是实践；需要坐而谋，更需起而行。我们必须坚持以习近平新时代中国特色社会主义思想为指导，坚持以人民为中心的发展思想，坚持和贯彻新发展理念，坚持生态优先、绿色发展的城乡高质量发展新路，推动"致力于绿色发展的城乡建设"，满足人民群众对美好环境与幸福生活的向往，促进经济社会持续健康发展，让中华大地天更蓝、山更绿、水更清、城乡更美丽。

王蒙徽

2019 年 4 月 16 日

前言

党的十九大指出，"我国社会主要矛盾已经转化为人民日益增长的美好生活需要与不平衡不充分的发展之间的矛盾"。在城市建设方面，同样存在高质量发展需求与空间资源利用不合理之间的矛盾，体现为不合理的城市密度与强度带来的"城市病"，影响到城市的宜居性，因此我们要正确认识城市密度与强度，从密度与强度角度来分析城市空间资源利用的合理性，在土地经济性与宜居性之间取得平衡。通过合理的密度与强度促进城市空间资源最优化配置，保障城市健康、绿色与可持续发展。

绿色发展理念对于城市规划建设管理具有重要意义，它不仅是发展方式的改变，更是价值观的重塑。实践绿色发展，是新时期城乡规划建设管理的第一要务。在绿色发展理念指导下建设绿色城市，通过适宜的密度与强度，实现生产空间集约高效、生活空间宜居适度、生态空间山清水秀、建筑群落疏密有致、特色鲜明、城市运营集约高效、城乡融合、社会和谐。适宜的城市密度与强度是绿色城市的重要特征。

本书通过对大量城市的观察，发现了两个值得深入学习的案例：一个是东京，无论城市密度还是强度都是全球城市中最高之一；但在高密度建成环境下，商业街区充满活力，住宅区舒适宁静，生活服务十分便捷，交通虽然拥堵但可以接受。另一个是新加坡，国土面积 700 多平方千米，容纳人口超过 500 万，不仅拥有城市所必须的各类设施，还承担了国家职能和国际功能，城市与自然空间有机结合，在岛中央保留了大片绿色开敞空间和集雨区，其宜居的环境和完善的公共服务为全世界所公认。这两个案例，虽然都是高强度、高密度的建成环境，但城市常见的"城市病"并不十分突出，它们是如何做到的？哪些因素会对城市密度与强度产生影响？带着这些问题，我们研究了国内外大量的样本案例，也对城市发展历程中有关密度与强度的研究进行了梳理，进而形成了本书的研究框架与主要思路。

本书第一章首先对城市密度与强度的相关概念进行了介绍，并对其关系进行了分析，提出了绿色发展背景下应因地制宜寻求适宜的密度与强度的相关思考；第二章介绍了影响密度与强度的主要因素，并从自然山水协调、区位与价值、交通模式、公共服务中心、街区活力、微气候等6个方面来认识绿色发展的城市密度与强度；第三章提出通过适宜的密度与强度营造舒适的宜人空间的具体措施，包括划定生态红线和开发边界、实施差异化土地利用、组织高效的交通、营造疏密有致的城市形态、推行精细化品质化建设、引入新技术适应智慧城市发展趋势等；第四章从管理角度，阐述了城市密度与强度分层次、分区域的引导管控方法与机制；第五章介绍了在城市密度与强度方面值得学习的优秀案例。

适宜才是绿色发展的要求。城市是个复杂的巨系统，单凭某个指标难以准确评价城市密度与强度是否合适，需要各个影响因素之间相互匹配、协调，需要综合考虑实现土地价值、保护城市生态环境、创造宜居生活空间等要求，这样才能确定适宜的密度与强度，进而形成良好的城市格局与空间形态。本书面向广大的城市管理者、建设者，以及普通市民，希望通过直白的语言、鲜活的案例使大家更深入地认识城市密度与强度的有关概念与规律，为城市规划建设管理提供借鉴。

目录

01

概　述

- 城市密度与强度是衡量城市空间利用合理性的重要指标，对于城市规划建设管理具有重要意义。密度过高或者过低，都会产生一系列城市问题。

- 阐述城市密度与强度研究的目的与意义，阐释了城市密度与强度的概念内涵，通过分析城市密度与强度之间的关系，结合国内外相关研究，梳理城市密度与强度分布的一般规律及特征。

- 初步分析不适当的城市密度与强度造成的城市问题，提出在生态文明建设的新时代，要顺应绿色发展的要求，面向城市高质量发展，深入理解城市密度与强度的内涵，因地制宜，统筹安排各项建设，营造适宜的城市密度与强度，推动建设宜居高效的城市。

1.1 从密度与强度角度分析城市空间利用的适宜性

城市经历了集聚—分散—再集聚的发展过程。工业革命前的城市建筑大多以中低层为主，尺度宜人并且相互协调，人口和建筑主要在水平范围内集聚和扩散。

随着工业的发展和人口的集聚，有限的空间内承载的人口越来越多，各种"城市病"开始出现。如 19 世纪的欧洲城市，密集的住宅和工业作坊混杂，人口过度拥挤，城市环境肮脏不堪，催生了高疾病率、高犯罪率。为了缓解高密度带来的各种"城市病"，城市开始进行外围拓展、卫星城的建设。20 世纪 60 年代随着私人小汽车的普及，西方城市产生了大规模的郊区化运动。最初是居住功能由城市迁往郊区，随后是产业与公共服务外移，这种典型的低密度模式在平面无限扩展，形成城市蔓延现象。所以，城市密度的研究在这种趋势下显得尤为重要。

1.1.1 为什么要研究城市密度与强度

城市密度是衡量城市宜居人居环境的基础性指标，反映城市空间资源的分配与形态，密度越大，所容纳的个体越多，人均占有的空间资源也就越少。美国生态学家约翰·卡尔宏（John B. Calhoun）曾经通过"老鼠的乌托邦实验"告诉我们："密度会影响社会秩序，甚至种群生存。"

20 世纪以来的现代建筑运动提出"立体化城市"发展模式，采用紧凑高强度的开发模式，高层建筑组团与大面积绿色开放空间组合，公共建筑有机布局于绿色开放空间之中。但近几十年来随着房地产的迅速发展，城市为了单纯地追求土地经济效益，忽视了对宜居性的关注，盲目地高强度开发，建筑越来越密、越来越高，交通与基础设施配套滞后，造成人口过度拥挤、交通拥堵、公共服务紧缺、城市风貌失调等问题，对市民的生产生活产生极大影响。

开展关于密度与强度的研究，目的是促进人与环境的融合，利于平衡经济性和宜居性的关系，满足人对基本生存空间和高质量生产生活空间的需求，防止"城市病"产生。

老鼠的乌托邦实验

20 世纪 60 年代，美国生态学家约翰·卡尔宏做了一个实验。实验制造了一个理想的老鼠"乌托邦"王国——在这个理想化的世界里，有充足的食物、水，屏蔽了陷阱、疾病和气候变化等一切困扰因素，然后放入 8 只（4 公 4 母）老鼠。

起初这些老鼠生活舒适，繁殖一度很活跃，基本上是每隔 55 天数量就增长一倍，这也是这个理想社会的高速发展期。随着数量增多及密度与强度增大，这个理想社会产生一系列变化：它们为了争夺地盘和地位，开始相互厮杀，战败的公鼠开始躲藏起来，当公鼠离开后，母鼠也加入了战争，这样就没时间全心全意地照顾幼崽，导致许多小鼠被逐出家门。小鼠之间也相互争斗，日趋激烈，甚至以同类为食。600 天后，老鼠家族在自己制造的混乱中灭亡。这个老鼠群数量最高峰达到 620 只，实验结束时仅剩 27 只。

1.1.2 什么是城市密度与强度

城市密度，一般指城市人口、建筑及设施的集聚程度，主要通过人口密度、建筑密度、感觉密度、道路网密度、绿地率等指标来衡量。

人口密度：是指单位用地面积上的人口规模（图 1-1），通常用人 / 平方千米或人 / 公顷表述。

人口密度 = 人口规模 / 用地面积

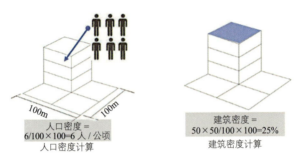

图 1-1　人口密度和建筑密度
图片来源：董博　绘

1　油尖旺区为香港 18 个行政分区之一，比邻中环，是香港商贸发达、人流密集的地区。

人口密度有不同的衡量尺度，以香港为例，如果考虑整个香港特区的面积，香港的人口密度大约为 0.6 万人 / 平方千米，如果算建成区，香港的人口密度大约在 2.6 万人 / 平方千米，如果仅算油尖旺区 [1]（ 6.6km²），人口密度高达 4.3 万人 / 平方千米以上。无论从哪个尺度看，香港都是世界著名的高密度高强度城市。

建筑密度：是指一定区域内各类建筑物基底面积总和与总用地面积之比，用百分比表示（图 1-1），建筑密度受地区气候条件、日照间距、消防、道路、开敞空间等因素的影响。

建筑密度 = 建筑物的基底面积总和 / 总用地面积

建筑密度不仅反映建筑体量大小，更反映建筑与开敞空间的关系，国外城市更多使用开敞空间率这个指标。建筑占地越小，建筑密度越低，可以有更多的用地作为绿地广场、道路等。建筑密度主要用于片区和地块尺度的衡量，一般城市地块建筑密度为 25%~50%。

2　感觉密度由美国学者拉波波特（Rapoport）提出。即感觉到的密度，是主观的，建立在个人意识之上的。由于文化、习惯的差异，对于同一密度与强度空间，不同的人的感觉密度是不一样的。

资料来源：吴恩荣：《高密度城市设计——实现社会与环境的可持续发展》，中国建筑工业出版社，2014。

感觉密度 [2]：是指个人对一个地区的人数、有效空间和布局的感觉和估计。进一步讲，感觉密度不仅涉及空间，更涉及人的活动。例如 100m² 的空间中，10 个人在其中开会与 10 个人在其中运动是完全两种不同的感受。感觉密度强调人与环境之间的相互关系。大城市和中小城市居民的感觉密度存在较大差异，发达地区的大城市对于居住在高密度高强度开发的公寓接受程度较高，而中小城市的居民倾向于居住在多层以下中低密度住宅，甚至在我国广大北方地区的居民习惯于平房大院。

随着城市规划建设的精细化，城市开发需综合考虑道路交通、公共空间、人居环境等问题，常采用道路网密度、绿地率描述城市建成环境集聚状态。

道路网密度：一定区域内道路总长度与城市用地面积之比，是衡量道路服务水平的重要指标，通常用 km/km² 表示。道路网密度受道路间距影响。路网间距越小，路网密度越高，则道路服务水平越高，机动车在出行时的路径选择性也就越大。

道路网密度 ＝ 道路总长度 / 总用地面积

一般而言，发达国家城市道路网密度相对较高，有些地区甚至高达 30km/km²。但国内城市道路网密度普遍较低，导致道路服务水平滞后于城市土地开发。据统计[1]我国广大西部和北方城市平均道路网密度为 3~5km/km²，南方沿海城市为 6~7km/km²，若是新建城区则更低。针对这种情况，在《中共中央　国务院关于进一步加强城市规划建设管理工作的若干意见》（2016 年 2 月 6 日）中要求城市建成区平均道路网密度提高到 8km/km²。

绿地率：指各类绿地面积之和与总用地面积之比，用百分比表示。绿地率反映建成区各类绿地的建设状况，绿地率越高，市民公共活动空间越多，生态环境越好，人居环境质量越高。在我国城市居住区建设中，绿地率一般要求在 30% 以上。

绿地率 ＝ 各类绿地总面积 / 总用地面积

开发强度主要用于衡量土地利用的效率和集聚程度，包括建设用地开发强度和国土开发强度两个指标。

1　中国城市规划设计研究院：《中国主要城市道路网密度监测报告（2018年度）》2018，第 8 页。

5

建设用地开发强度：是描述城市建设用地利用状况的指标，用容积率表示。容积率是指地块内所有建筑面积之和与地块面积的比值。容积率还分为毛容积率与净容积率（图1-2）。毛容积率是指地上建筑面积总和与地块总用地面积的比值；净容积率则是指地上建筑面积总和与建筑净用地面积的比值。建筑净用地面积是在总用地面积中扣除市政道路、公共绿地等之后的面积。

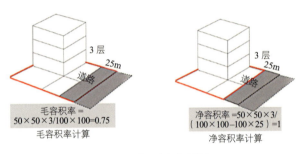

图1-2　毛容积率和净容积率

图片来源：董博　绘

容积率＝地上总建筑面积／用地面积

容积率的衡量一般针对片区和地块范围。广州珠江新城核心区 2.1km²，容积率大约为 3.6，而核心区有些具体地块容积率高达 10 以上。

国土开发强度：也称国土空间开发强度，指建设用地占国土总面积的比例。用国土开发强度可以衡量一个城市土地资源的分配与利用状况，可以反映城市经济社会发展合理的建设用地需求。

国土开发强度＝建设用地面积／国土总面积

国务院 2017 年印发的《全国国土规划纲要（2016—2030）》，明确了我国国土开发强度的要求，并提出到 2030 年全国国土开发强度不超过 4.62%。对于城市而言，国际通用的国土开发强度警戒线为 30%，我国中西部地区城市大部分未超过这一标准，但东部发达地区的城市有些已经高达 60% 以上。

1.1.3 城市密度与强度之间的关系

城市密度与强度是宜居人居环境的基础性指标，是人口在平面和垂直两个方向上的反映，最终表现的都是人口密度问题。从平面方向来看，密度主要反映人与空间的关系。城市密度的变化会影响人对于空间的直观感受和相应的活动，适宜的密度一般以中低层建筑为主，满足人对生活和生产的舒适性需求。过度拥挤的城市空间会导致一系列公共卫生、城市安全等问题，从而影响人的舒适生活。从垂直方向来看，强度是应对资源约束和追求土地经济的直观表现，反映空间利用效率，是密度在垂直空间上的叠加。高强度的建设虽然会对人的舒适生活产生影响，但它带来了较高的空间利用效率和经济性，所以成为现代城市建设追求的一种重要模式。

城市密度、强度与城市空间形态具有紧密的关系，而建筑高度是城市空间形态的重要表征（图 1-3）。一般来说容积率 = 建筑密度 × 平均层数，平均层数可以代表建筑高度，那么谈密度与强度之间的关系，就离不开建筑高度了。

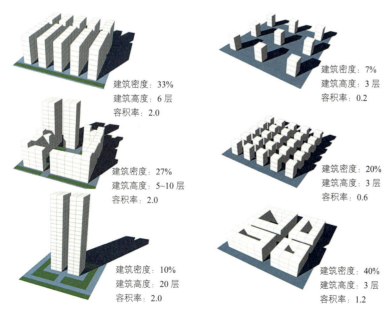

建筑密度：33%
建筑高度：6 层
容积率：2.0

建筑密度：7%
建筑高度：3 层
容积率：0.2

建筑密度：27%
建筑高度：5~10 层
容积率：2.0

建筑密度：20%
建筑高度：3 层
容积率：0.6

建筑密度：10%
建筑高度：20 层
容积率：2.0

建筑密度：40%
建筑高度：3 层
容积率：1.2

图 1-3　密度与强度组合下的典型城市空间形态
图片来源：董博　绘

在密度不变的情况下，高度的增加意味着容积率的提高。而不同的容积率对城市宜居性的影响也是大相径庭，容积率越低，居民的舒适度越高，反之则舒适度越低。像独立别墅容积率一般为 0.2~0.5，高层住宅区容积率一般为 2.4~4.5，通过对比，就可以很明显地感受到不同容积率带来的建筑形式和舒适度的变化。

而在建筑高度不变的情况下，密度的提升也带来强度的提升。比如当平均层数为 6 层时，建筑密度一般在 20%~40% 之间增加，容积率大约从 1.2 增长至 2.4。在容积率不变的情况下，建筑密度与建筑高度呈反比关系。

由于相邻建筑采光、通风的影响，当高度提升到一定程度之后，再往上提升，就需要在密度上作出妥协，来平衡居住环境的适宜性。不同的密度、强度、高度可以给城市带来多样的空间组合，形成丰富的空间体验。

1.1.4　密度与强度的一般规律和分布特征

近代工业革命以来，随着城市人口的不断增加、交通工具的日新月异，不同领域的学者对城市空间形态从不同的视角开展研究，于是诞生了不同类型的城市空间的理论模型，这些模型比较清晰地反映了城市密度与强度分布的某些规律。下面介绍 3 种典型空间模型——同心圆、扇形、多核心空间模型（图 1-4）。

①同心圆模型——由伯吉斯（E. W. Burgess）于 1923 年提出。伯吉斯以 20 世纪 20 年代的芝加哥为例，从不同人群的行为经济学角度出发，认为城市空间应该是同心圆结构，以中央商务区（Central Business District，简称 CBD）为核心，形成 5 个圈层，具体包括中央商务区、过渡区、工人居住区、中级住宅区和通勤居民区。中央商务区地租最高，产生了高密度高强度开发，由内向外因地租降低而导致密度与强度逐渐降低。

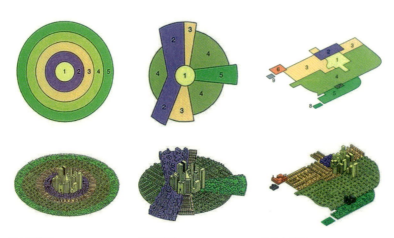

同心圆模型
图中 1 为中央商务区；2 为过渡区；3 为工人住区；4 为中级住宅区；5 为通勤居民区

扇形模型
图中 1 为市中心；2 为批发业和轻工业区；3 为低级住宅区；4 为中级住宅区；5 为高级住宅区

多核心模型
图中 1 为中央商业区；2 为批发业和轻工业区；3 为低级住宅区；4 为中级住宅区；5 为高级住宅区；6 为重工业区；7 为次级商业区；8 为郊区住宅；9 为郊区工业区

图 1-4　3 种空间模型
图片来源：杨俊宴：《城市设计语汇》，辽宁科学技术出版社，2017，第 9-10 页

②扇形模型由美国土地经济学家 R·M·赫德（R. M. Hurd）提出，后由霍默·霍伊特（Homer Hoyt）加以发展。该理论认为城市除了受地租影响之外，交通运输对城市空间也产生较大影响。因此城市的发展通常从城市中心开始，沿着主要交通要道或者最小阻力的路线向外放射。以中央商务区向四周辐射形成交通产业区，以及不同社会层级的住区。城市中除了中心区以外，沿主要交通线也是高强度高密度开发。

③多核心模型由哈里斯和乌尔曼（C. D. Harris, E. L. Ullman）于 1945 年提出。该模式认为大城市不是围绕单一核心发展起来的，强调城市土地利用过程中，并非只形成一个商业中心区，随着城市规模的扩大，新的较高强度与密度的次级商业中心又会出现，其余各类功能区围绕新的核心发展。不同级别的商业中心开发的密度与强度也随能级相应变化。

由上述空间模型可以看出城市密度与强度的分布规律：一般情况下，城市呈现出中心高强度高密度，向外围逐渐衰减的明显特征。具体到城市内部不同类型区域，其密度与强度往往与城市功能、结构布局、区位、交通、设施配套、周边环境因素、市场因素、生活习惯与文化因素等相关，不同密度与强度对应的空间形态千变万化，一般可以从以下几个层面进行考量：

①从整体层面，需要重点关注人口密度。根据《城市用地分类与规划建设用地标准》GB 50137-2011，新建城市规划人均建设用地指标为 85.1~105m²，意味着人口密度在 9500~11800 人 / 平方千米。除首都之外的其他城市依据现状人均建设用地、气候分区以及城市规模，规划人均建设用地指标各不相同，范围在 65~115m²，对应人口密度为 8500~15000 人 / 平方千米。我们一般在规划建设中取人均建设用地 100m²，对应人口密度为 10000 人 / 平方千米（部分国际城市中心城区人口密度可见表 1-1）。

部分国际城市中心城区的规模与人口数据　　表 1-1

城市	中心城区	面积（km²）	人口规模（万人）	人口密度（人/平方千米）
东京	东京 23 个区	622	894.6	14383
新加坡	新加坡城区	712	507.7	7131
纽约	纽约 5 个区	789	817.5	10427
巴黎	巴黎市区	105	248.0	23619
北京	中心 6 区	1368	1171.7	8565
上海	外环线以内	660	1000.0	15152
广州	中心城区	933	598.3	6413
中国香港	市区	1100	726.4	6604

资料来源：金善雄等：《首尔与世界大都市·千禧年之后的城市变化比较》，2016，http://www.sohu.com/a/222764493_100020266，访问日期：2019 年 8 月

②针对城市中心区、工业区、居住区等不同功能区，重点考察其建设容量、主容积率、人口容量及人口密度，以及其他相关要素的配置。

城市中央商务区是城市中最重要的功能区，面积通常在 2~3km²，开发强度、经济产出，以及就业岗位密度等往往是城市中最高的地区。根据不完全统计，中央商务区一般居住人口密度低于 10000 人/平方千米，而就业人口密度高达 30000~80000 人/平方千米，建筑密度 30%~50%，容积率 2.5~10.0，道路网密度 10~30km/km²，公交覆盖率达到 85% 以上，公园绿地 500m 半径覆盖率达到 90% 以上（表 1-2、图 1-5）。

伦敦、巴黎、纽约、东京四个世界城市中央商务区的居住
人口密度与就业人口密度数据　　　　　　　　　　　表 1-2

居住人口密度（人/平方千米）						
城市	中央商务区	内城区	外城区	郊区	周边地区	总居住密度
伦敦	6296	7391	3222	571	306	617
巴黎	10696	26244	6137	402	73	137
纽约	24636	16819	7494	881	216	699
东京	7238	14588	2361	882	326	795
就业人口密度（人/平方千米）						
城市	中央商务区	内城区	外城区	郊区	周边地区	总就业密度
伦敦	37778	2738	1138	232	108	265
巴黎	33174	20293	2655	141	34	68
纽约	80545	12713	1490	889	171	563
东京	60714	8985	884	848	152	580

资料来源：胡晓青：《中国宜居密度研究》，中国建筑工业出版社，2018，第 100-101 页

巴黎拉德芳斯中心区　　　纽约曼哈顿中城　　　上海陆家嘴
占地面积 1.6km²　　　　占地面积 1.2km²　　　占地面积 1.7km²
容积率：2.4　　　　　　容积率：9.1　　　　　容积率：2.9

图 1-5　部分国内外城市中央商务区空间形态模式

居住建筑类型包括高层、多层、低层等不同形式，城市住区的密度与强度呈现多样性。位于城市中心的住区一般是高强度高密度开发，以高层商业办公独栋公寓或板式住宅为主，从城市中心向外围，从可达性较高的地区到偏远地区，密度与强度逐步降低。大城市住区容积率一般在 1.8~3.0 范围内，对应的人口密度为 400~600 人 / 公顷。中小城市住区容积率一般为 1.4~2.0，对应的人口密度为 300~450 人 / 公顷（图 1-6）。

上海市某住区
建筑密度 13%
建筑高度 20~30 层
容积率 3.0

滕州市某住区
建筑密度 35%
建筑高度 3~6 层
容积率 1.5

伊通满族自治县某住区
建筑密度 20%
建筑高度 6~14 层
容积率 1.8

图 1-6　部分国内城市住区密度强度与空间形态

③地块层面重点考察容积率、建筑密度等建设指标，这些指标一般作为规划条件纳入土地出让合同。我国大部分城市都制定了相应的规划管理技术规定，考虑城市规模、气候条件、经济发展水平、文化习惯等差异，对城市不同功能区地块的密度与强度提出要求。

1.2 以绿色发展理念为指导促进城市高质量发展

在过去 40 年的改革开放中，伴随着经济快速发展，我国的城市建设取得了巨大成就：城镇空间快速扩张，功能不断完善，基础设施明显改善，公共服务和管理水平持续提升。但同时也出现一些问题：部分城市建设盲目追求规模扩张，建设用地节约集约程度不高；建筑贪大、媚洋、求怪等乱象丛生，特色缺失，文化传承堪忧；公共设施用地常被侵占，城市缺乏绿色公共空间，环境污染、交通拥堵等城市问题频现。

这些城市问题与城市密度与强度密切相关，归根到底是土地资源的分配方式与利用方式存在偏差，从而影响城市空间环境、运营效率，以及市民生活质量。

1.2.1 不适当的城市密度与强度造成的城市问题

人口过度集聚，缺乏交通支撑，造成交通拥堵。影响城市交通的因素很多，包括机动车保有量、城市道路网布局、职住平衡、城市公交等，其中过高的密度与强度是重要影响因素之一。以北京为例，四环以内人口密度超过 2 万人 / 平方千米，人均道路资源偏低，机动车交通过度集中，造成道路处于过度负荷状态，经常引发交通严重拥堵。

高层建筑对历史环境格局造成破坏。每一座城市都有其历史传承，在空间上体现为城市格局、空间肌理、历史建筑以及街区环境等。其中高阁明楼是历史城区建成环境的重要要素，比如"滕王高阁临江渚"的滕王阁，比如"耸构巍峨，高标巃嵸"的黄鹤楼，在城市天际轮廓线中起到标志性作用。但是随着城市更新的推进，部分城市不注意历史环境的整体性保护，在不适当的地点兴建高层建筑，与历史建筑的尺度没有协调，对城市历史风貌造成难以挽回的破坏。

千篇一律的城市风貌导致城市特色不足。城市风貌由城市中的物质空间环境与历史文化等非物质要素共同组成。城市空间环境包括城市肌理、天际轮廓线、街道空间、建筑尺度等，是不同密度的反映，受到历史文化、地理环境、气候特征等因素的影响，可以有很多变化，可以千姿百态。但当前我国城市风貌建设中存在较多问题，比如内地一些中小城市，盲目追求宽马路、大广场，盲目认为高层建筑是城市现代化的体现，对高层建筑布局缺乏规划统筹，不与所处环境、自然山地相协调，盲目追求建筑高度"破纪录"，有些中部地区的城市竞相建设国内乃至世界第一高楼，造成空间景观杂乱，天际轮廓线失序，城市风貌千篇一律。

过低的密度造成土地资源浪费与低效率运营。若密度与强度过低，则造成土地资源浪费。典型案例是20世纪60年代发生在美国的"城市蔓延"现象。城市蔓延是20世纪60年代西方城市研究的主要议题之一，其特征是大城市建成区向郊区低密度地扩散，不断侵蚀农村和农业用地、开敞空间，造成土地资源浪费、人均基础设施成本过高、交通出行过度依赖小汽车等，并伴随一系列社会经济问题。我国改革开放以后，有些城市不断向外围郊区扩展用地，并出现大量低密度郊区住宅区和低端散乱的工业厂区，导致土地资源的使用效率和产出效益较低，甚至带来对地区景观形象的负面影响。

1.2.2　准确把握绿色发展理念

1　习近平：《推动我国生态文明建设迈上新台阶》，《求是》2019年第3期。

习近平总书记在《推动我国生态文明建设迈上新台阶》[1]中明确指出，"我之所以反复强调要高度重视和正确处理生态文明建设问题，就是因为我国环境容量有限，生态系统脆弱，污染重、损失大、风险高的生态环境状况还没有根本扭转，并且独特的地理环境加剧了地区间的不平衡"。

城市是一个复杂的人工生态系统，自然环境为城市提供生产、生活所需的大量资源，也承载和消解大量城市产生的污染物与废弃物。随着城镇化的发展，城市的人口集聚能力上升，导致部分城市地区资源需求和废弃物排放超出了地区生态承载范围，造成了生态足迹[1]赤字。当这种赤字的持续超出一定的限度，就会造成对生态环境无法修复的破坏，绿水青山也会逐步退化消亡。

绿色发展理念对于城市规划建设管理的意义，不仅是发展方式的改变，更是价值观的重塑。按照习近平总书记的指示——"绿水青山就是金山银山，保护生态环境就是保护生产力，改善生态环境就是发展生产力"，践行绿色发展，是新时期城乡规划建设管理的第一要务，通过适宜的密度与强度，推动城市建设方式的转变，实现城市与自然的协调发展，使人与自然和谐共生。

绿色发展理念继承了我国"山水城市"的传统思想，又顺应了新时代可持续发展的趋势，对建设美丽家园、实现城市高质量可持续发展具有重大的理论意义和现实意义。

1.2.3 绿色发展理念下的绿色城市

绿色发展将改变传统的"粗放式"生产和消费模式，寻求资源环境与人的生产生活需求相匹配、相适应的模式，实现经济社会发展和自然生态保护协调统一、人与自然和谐共处。

绿色城市是与自然生态相协调的可持续发展的城市。按照"经济建设、政治建设、文化建设、社会建设、生态文明建设"五位一体要求，实现"生产空间集约高效、生活空间宜居适度、生态空间山清水秀"，绿色城市通过采用新型建造技术建设绿色建筑、绿色交通、绿色基础设施、生态环境等实现资源能源集约利用，减少环境污染与损耗，城市空间与山林水网密切结合，建筑群落疏密有致、特色鲜明，城市运营集约高效，城乡融合社会和谐。

绿色城市要高质量满足人的发展需求。城市最终是为人服务的，人们聚集到城市是为了发展，为了追寻幸福生活。在新时代，城市发展要以高质量的生活环境满足更多人的生活需求，尤其是高素质人才，进而吸引高科技创新型企业，实现经济转型升级与高质量发展。

我国工业化与城镇化已经进入"下半场"，城市建设重点转为追求空间价值的回归，从单纯的物质增长理念转变为文化与生态价值的守护与创造。就城市密度与强度而言，要从单纯追求经济性转变为经济性与人居环境改善相平衡，从关注物理空间的效率转变为关注人的使用与心理体验、关注地域文化与空间特质，从而实现以适宜的密度与强度促进城市高质量发展。

适宜的城市密度与强度支撑绿色城市建设。城市密度与强度受自然生态、功能区位、土地价值与成本、交通配套以及历史传承、人的感受等多因素影响，需要因地制宜、因时制宜，以系统的思维整体把握。从方法上可以"先底后图"，即先明确需要保护、需要留白的地方，再合理安排各项建设，严格管控，科学布局，打造生态宜居、活力高效的人居环境。

新加坡——人居环境建设的全球典范和著名的"花园城市"，总面积约 718.3km^2，总人口约 547 万，全市域人口密度约为 7600 人 / 平方千米。其规划采用"田园城市"规划理念，在本岛中央保留了广大的自然地带（中央集水区和森林公园）作为生态核心，周边构筑了一个项链式的"新城环"，通过现代交通系统——捷运系统连接，形成了城市与自然融合发展的空间格局。

都江堰市 [1] ——立足"生态为本、文化为魂"，在城市总体规划中提出"双限双减，双提双优"的空间发展策略，限制影响生态的要素，限制城乡发展规模。减缩近山建设规模，增加通山廊道，凸显"显山"的城市风貌；降低滨水区域建设强度，增加滨水通廊，凸显"亮水"的城市特质。提升城市服务功能，提升全域旅游体验；优化城乡空间形态，优化产业空间布局。

1 都江堰市新闻中心：《权威发布｜都江堰市新一轮城市规划征求您的意见啦！》，2017，http://baijiahao.baidu.com/s?id=1587815327105324354&wfr=spider&for，访问日期：2017 年 12 月。

小结

城市密度与强度是反映空间资源利用适宜性的重要指标，研究城市密度与强度是为了在城市建设中平衡经济性和宜居性的关系，防止"城市病"。

城市密度主要指城市人口与建筑的集聚程度。通常用人口密度、建筑密度等指标描述。随着城市规划建设管理的精细化，城市开发需综合考虑道路交通、公共空间、人居环境等问题，道路网密度、绿地率等也成为描述城市建成环境状态的密度指标。

城市强度主要包括建设用地开发强度与国土开发强度，建设用地开发强度用容积率表示，国土开发强度指建设用地占国土总面积的比例。

一般情况下城市密度与强度呈现从中心到外围逐渐递减的特征，中央商务区高强度高密度开发。具体到城市内部不同类型区域，其密度与强度往往受城市功能、结构布局、区位、交通、设施配套、周边环境因素、市场因素、生活习惯与文化偏好等因素的影响，千差万别，对应的空间形态千变万化。

城市是个复杂的系统，维护系统平衡与可持续发展需要综合考虑实现土地价值、保护城市生态环境、创造宜居生活空间等要求，使各个影响因素之间相互匹配、协调。在绿色发展理念的指导下，绿色城市需追求适宜的密度与强度，进而形成良好的城市格局与空间形态，满足高质量发展、高品质生活的要求。

02

认识绿色发展的城市密度与强度

- 地理区位。我国南方和北方、东部和西部由于发展条件和气候环境差异，城市密度与强度表现为东高西低、南高北低的现象。

- 规模尺度。大中小城市因其对资源调配的能力不同而表现出不同的密度与强度；大城市一般趋于高密度高强度开发，而中小城市缺乏发展动力和设施配套，更加倾向于中低密度和低强度建设；同一城市内部宏观区域、中观片区和微观街区层面也有不同表现，各种规模尺度之间要"扬长补短"，协调平衡。

- 用地功能。商业区弱化了人的舒适性感受，强化了创业和经济的需求，密度与强度普遍较高；工业区受到工业生产方式的局限，也不可能有较高的密度与强度；居住区反映人的生活舒适性需求，一般会因空间资源的多寡而表现出多样化的密度与强度。

- 城市文化。传统文化与个体认知因不同的文化类型而形成了一些大致的区分，北方表现为大院和胡同，而南方则表现为开放式的街巷和临水、临街而居的习惯。

- 空间的秩序。有秩序的空间将得到最大化利用，会弱化密度与强度带来的不利影响，反之则不然。

2.1 与自然山水相协调

　　城市的自然禀赋、山水格局决定了城市的土地开发强度、规模与格局，也相应决定了一座城市宏观的密度与强度。无论古今中外，绿色可持续的营城建市手法均以尊重自然山水为基础，疏密有致的城市密度与强度的形成与合理保护利用绿水青山密不可分。

2.1.1 与山水相容相依的营城传统

　　中国传统"天人合一"的空间哲学。《老子》的"万物负阴而抱阳"；《管子·度地篇》的"乡山，左右绕水若泽"，均体现了依山临水筑城享山乐水栖居的空间哲学思想。城市发展与山水、自然和谐共存，使城市历经岁月涤荡与发展演变，仍能保留自然风貌与文化的基因，彰显自身特色，创造可持续的人居环境（图 2-1）。

杭州

厦门

广州

南京

图 2-1　与山水相容相依的营城传统

山水营城的城市空间格局：南京"三山半落青天外，二水中分白
鹭洲"，杭州"三面云山一面城，一城山色半城湖"，苏州"万家前后
皆临水，四槛高低尽见山"，广州"青山半入城，六脉皆通海"，厦门
"天高海阔水无垠，回身鹭岛已成邻"。从城市的选址到空间布局，贯
穿了和自然有机结合、相辅相成、浑然一体的山水营城思想，与山水
相容相依的风貌和意境成为一座城市的宝贵资产及名片。

2.1.2 与城市自然山水资源相协调

在任何发展阶段下，城市的建设强度与空间格局首先受到自然条
件的约束与限制，因此需要充分尊重自然、依托山水生态空间来促进
城市空间良性有序的发展。无论以平地为主的内陆城市、山地丘陵城
市还是滨海、滨水城市，在依托独特的自然空间营造适宜的城市密度
与强度方面各有借鉴。

（1）平地为主的内陆城市

这类城市水资源比较少，可以通过外围以及延伸进城区的广袤农
田、绿地、开敞空间来限制城市蔓延。

北京，除去西北山地外，城镇建设地区均为广袤平原。1986 年开
始启动绿化隔离地区建设，陆续颁布多条法令促进绿化隔离地区的形
成，以抑制城市"摊大饼"蔓延。经过 30 多年的快速城镇化与绿化
隔离措施实施之间的不断博弈，北京的"摊大饼"趋势得到有效抑制，
城市适宜的密度与强度的形成有了大面积生态绿化环境的保障，城市
的山水关系得以凸显。

新时期为进一步促进绿色发展，北京强化了平原地区绿化隔离带
与生态空间建设，在 2035 年城市总体规划[1] 中提出平原区开发强度由
现状 46% 下降到 44% 的减量目标，提出推进"一道绿隔城市公园环、
二道绿隔郊野公园环、环首都森林湿地公园环"建设，并构建连接中

1 北京城市总体规划（2016—
  2035 年）2017 年 9 月国
  务院批复。

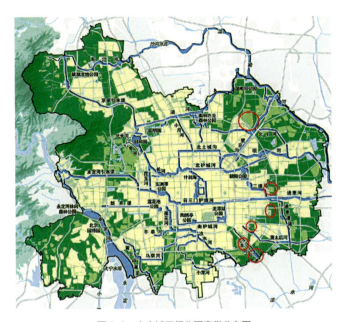

图 2-2　中心城区绿化隔离带分布图

图片来源：中共北京市委、北京市人民政府：《北京城市总体规划（2016—2035 年）》，2017

心城与外围山地的九条楔形绿色廊道，以环带与绿色楔型生态空间保障平原地区形成适宜、合理的城市密度与强度（图 2-2）。

成都作为我国西部内陆平原城市，2003 年开始围绕中心城划定非城市建设用地，实施环城绿带 198 地区建设，近年更提出"环城生态区"概念，颁布《成都市环城生态区保护条例》，保障规划实施（图 2-3）。

成都城市总体规划（2016—2035 年）[1] 中，进一步树立环城生态区建设的目标，更针对平原地区进行开发控制，要求平坝与浅丘地区开发强度控制在 36% 以内。成都环城生态区以"长藤结瓜"的形式框定了中心城的发展格局，"生态＋"郊野游憩、湿地公园环，成为成都新时期生态文明建设和公园城市建设的重要抓手。

伦敦地处英格兰东南部平原地区，是全球最早采用环形绿带控制城市蔓延的城市，1935 年提出用绿带为未来发展提供开敞休憩空间，以应对城市无序拓展。至 2018 年，伦敦外围绿带总面积达到 5138.6km^2，

1 《成都市城市总体规划（2016—2035 年）征求意见稿》，2017。

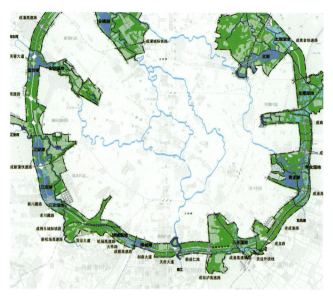

图 2-3 成都 "198" 环城生态区
图片来源：成都市规划局：《成都市环城生态区总体规划》，2015

最大宽度达到 30km，是建成区面积的 3 倍。绿带的划定使伦敦地区
的建设用地面积比例维持在 30% 以内，有效锚固城市格局，保护了城
市外围自然开敞空间与生态田园，促进了紧凑高效的发展模式。

（2）山地丘陵城市

这类城市的土地开发强度、格局与山地资源紧密相关。山地城市
受自然地理条件约束大，生态保护要求更高，往往需要更加注重有限
平地资源的集约利用。

香港，山体资源丰富而平地少，境内约 60% 的陆地属于天然山
坡。香港实施严格的自然山体保护制度，郊野公园及自然保护区面积
占市域比例达到 40%，建设用地占市域面积仅为 24.4%。通过高密度
高强度发展，把有限的平地资源作最大限度利用，减小对郊外自然保
护地的城市化压力，为居民保留了方便易达的郊野开敞空间，成为全
球最为紧凑集约开发的代表。

重庆，我国最为典型的山地城市，市域山地占 75.8%，丘陵占

18.2%，南北走向的平行岭状山脉形成特殊的自然条件，平行岭谷内的用地就成为主要城市建设用地，城市空间拓展依循山势而行，造就了"山中有城，城中有山，开合有序，组团发展"的山地城市空间格局。

（3）滨海、滨水城市

这类城市的土地开发格局受海岸线，以及江河水网自然空间影响较大。一般以滨水或近海地区为城市拓展的原点，受不同城市内部各类自然空间限制，城市空间从带形向组团型转变。

新加坡，海岸线总长200多千米，城市沿海发展为主，逐步向内陆拓展。由于整体较为平坦，主要保留了西部与中部的丘陵地带作为永久保护区，现状建设用地占国土面积约75%。新加坡在较高的国土开发强度下，通过回归自然的中央集水区、城市内部高度可达可享的开敞空间建设，营造了融入式的城市自然空间，打造了全球宜居城市的范例。

厦门，我国独特的"城在海上、海在城中"的滨海城市，由北部山体屏障、177km的海岸线和海岛，构成独特的山、城、海、岛格局，通过锚定北部山区，以及由山区延伸至海域的楔型山海通廊，控制建设用地比例约26%。

武汉，水网密集、湖泊众多，是中国名副其实的水城，但快速的城镇化进程对武汉的湖泊水系资源带来很大冲击，近30年来的淤浅沉积、围湖垦殖、填湖盖楼导致武汉湖泊面积减少了200多平方千米。近年来，武汉通过严格立法强化自然湖泊的保护，挽救城市特色的自然生态格局，明确全市166个湖泊及其周边控制范围，确保湖泊面积不减少，构建以长江、汉江为生态轴线，畅通百湖、极具特色的城市生态水网骨架，支撑城市的绿色可持续发展。

总的来说，有大山大水等自然禀赋的城市，其土地开发受自然条件约束较大；土地平坦，自然制约因素较小的城市，则有必要对建设用地的蔓延进行管控，通过外围绿带、城市绿心、楔形绿地等方式控制其蔓延；滨海、滨水的城市则需在严格保护水域生态格局的基础上体现城市特色。

无论何种类型城市，要保持良性、绿色的发展，传承与彰显城市特色，一定要注重保护城市自然山水格局。而我国在快速城镇化的冲击下，规模化的造城让传统的自然格局迅速消失而难以挽回，那么在锚固自然山水的前提下，结合自然禀赋确定土地开发强度、控制空间拓展格局，在快速城镇化进程中尤显重要。

2.2 体现区位和功能价值

不同等级商业中心是构建城市结构性空间的关键，不同类型的住宅区则是城市建设占比最大的一类用地，与人的生活最为密切。这两者是城市密度与强度特征最为明显的区域，也是最能体现区位和功能价值的两种城市空间。

2.2.1 商业中心要实现土地利用的经济高效

（1）密度与强度和商业等级、设施容量等相适应

高等级商业中心特别是城市中央商务区的密集开发区域，同样也是道路交通、市政公用设施最容易供不应求、导致交通拥挤和环境恶化的地区，更需要重视在职住平衡、交通承载能力评估、公共开敞空间品质提升等方面的努力，以促进城市核心区域尽量达到经济效率和舒适性之间的平衡。如广州珠江新城中央商务区通过建设带型中央花园保障了整个地区空间的开敞性和环境品质，并有效组织了地下空间的开发与公共配套服务功能；东京丸之内倡导中央商务区不仅是工作目的地也是生活空间的理念，通过增加美术馆、剧场、画廊等更为完

善、多元化的配套服务设施，以及进行微交通和街道空间的优化来保障中央商务区运行的效率、活力与舒适性。

1 杨俊宴：《城市中心区规划设计理论与方法》，东南大学出版社，2013，第 606 页。

等级较低的商业中心，商务发展需求较弱，主要以服务本地区的零售商业中心、商业街区、专业市场等业态类型为主，密度与强度则不适于过高的标准，避免造成基础设施建设浪费。如南京市核心圈、次级圈、边缘圈人均商业面积分别为 1.94 平方米 / 人、0.82 平方米 / 人、0.76 平方米 / 人，[1] 反映出城市低等级商业中心在规模上的迅速递减，以及百货商店等高等级业态设施减少、商品交易市场和便利店等设施增多的规律。再如新加坡按需设置，根据相应服务半径、服务人口规模及配套商业设施供给需求，对"城市级中央商务区（商业区）— 新市镇中心（区域级，次区域级）—社区中心 — 邻里中心"等各级商业中心的商业设施类型与数量进行了设置和不断完善，使得各级商业中心的服务效益得到最大发挥（表 2-1）。

新加坡各级商业中心服务半径及业态类型　　表 2-1

级别	服务半径		业态类型
城市商业中心	市级与区域级		全球金融和商贸枢纽，集聚零售购物、历史文化、商务办公、金融会展、休闲娱乐等多种功能
新市镇商业中心	区域级	5 ~ 8km	以新镇中心和购物中心为主要商业设施，单个购物中心总零售楼面面积约 3 万 ~4 万平方米，近期新建的约 5 万 ~ 8 万平方米，集聚零售、商务办公、娱乐餐饮、教育培训、社会服务等功能
	次区域中心	2 ~ 3km	以购物中心为主，综合设置社会服务设施，购物中心总零售楼面面积 3.5 万 ~ 6 万平方米
	一般镇中心	1.3 ~ 1.5km	采用组合式街区布局模式，部分引入购物中心商业业态
社区中心	350 ~ 500m		采用独立商业 + 住宅底商模式配置农贸市场、餐饮中心、超市等
邻里中心	—		以住宅底商形式配置，以经营生活必需品为主，包括日用商店和餐馆等

资料来源：任赵旦、王登嵘：《新加坡城市商业中心的规划布局与启示》，《现代城市研究》2014 年第 9 期

广州市珠江新城的发展

珠江新城是广州中央商务区的核心组成部分，主要服务于珠三角经济圈，目前已成为华南地区总部经济和金融、科技、商务等高端产业的高度集聚区。

这里是中国 300m 以上摩天建筑最密集的地方，也是广州地区世界 500 强企业最密集的区域；拥有跨国公司总部 13 家，3 家世界 500 强企业的总部，以及 140 家世界 500 强企业设立的 184 家项目机构，境内 500 强企业 20 家。辖区内有甲级写字楼 118 栋，2015 年营业收入超 10 亿元、税收超 1 亿元的楼宇 48 栋，税收超 10 亿元的楼宇 15 栋。

近年来，珠江新城引入了花城广场市民活动中心、地下综合体，以及更多居住社区，促进职住平衡。广州市进一步制定天河中央商务区（珠江新城）整体提升行动规划，将重点从增加配套设施、补充慢行体系、串联各个不同公共领域空间载体等方面减缓高密度、高强度带来的不适宜，平衡各类空间要素的关系，提升珠江新城区域的发展品质。

资料来源：https://baike.baidu.com/item/%E5%B9%BF%E5%B7%9ECBD/7955210

（2）高等级商业中心区以高强度集聚开发为特征

根据地租理论，商业中心的区位敏感性强，土地经济价值效益最明显，包括从服务周边社区的低等级商业中心到服务于城市及周边区域的高等级商业中心多种类型，具有相应的业态规律及密度与强度特征。其中，高等级商业中心是城市商业活动与各类社交活动最为集聚的区域，地价高昂，建筑物高而密，是城市发展的核心区域。工业革命后，信息的传播与交换使中央商务区进一步从高等级商业中心内分化与独立出来，成为城市经济发展的中枢，虽然核心区域所占面积很小（一般在 2~3km²），但却对城市经济的作用和贡献非常巨大，能反映城市竞争的综合实力（表 2-2）。如上海陆家嘴金融城在占地 31.78km² 的范围内，吸引企业入驻 4.2 万家，集聚持牌类金融机构 842 家（占上海市总数 60%），其中包括 20 家商业银行总行（占上海 80%）、32 家非银行金融机构、85 家商业银行分行（占上海 58%）。[1]

城市能级是决定中央商务区建设与规模水平的首要因素，城市中央商务区建设应与城市发展经济实力和需求相适应。通常，城市第三产业的发展水平是中央商务区能级的重要支撑，而高质量的第三产业

1 上海浦东：《区域概况》，http://www.pudong.gov.cn/shpd/gwh/20190129/023002007_16f790f6-2014-4e1f-bb7b-c190d1bb7b2a.htm.

又需要大量高端楼宇的支撑，因此办公建筑面积是衡量中央商务区等级的实质性指标（表 2-3）。发达城市中央商务区办公建筑面积约占总建筑面积比重 60% 以上，办公规模越大、占比越高，中央商务区的等级越高。在建设模式上，中央商务区地区多采用小地块的高强度开发模式，如纽约、东京、香港等中央商务区最核心区域的地块面积多在 0.5~1.0hm^2 左右，地块建筑密度通常在 60%~80%，地块容积率多处于 10.0~15.0 的强度等级，总体呈现出典型的颗粒式集约发展模式。

国内主要城市中央商务区建设强度与经济效应　表 2-2

名称	总体经济效应	核心区域	
		面积（km^2）	容积率
北京中央商务区	国内生产总值达 1110 亿元，纳税楼宇过亿的有 52 座，汇集北京市 70% 的涉外资源，60% 以上的外资机构和酒店等	4.0	2.6
上海陆家嘴中央商务区	集聚持牌类金融机构 842 家、新兴金融机构约 6000 家	1.7	2.9
广州珠江新城中央商务区	国内生产总值经济总量高达约 2500 亿元，占全市比重 13%，纳税过亿楼宇 49 座	2.1	3.6
深圳福田中央商务区	国内生产总值总量 2622 亿元，约占全市经济总量比重 15%，纳税过亿楼宇 76 座	4.1	2.7

资料来源：笔者根据《商务中心区蓝皮书：中国商务中心区（CBD）发展报告 NO.3（2016~2017 年）》、陆家嘴金融城官方网站 http://www.pudong.gov.cn/shpd/gwh/20190129/023002007_16f790f6-2014-4e1f-bb7b-c190d1bb7b2a.htm、谷歌地图统计整理

不同等级的城市中央商务区的主要参考数据　表 2-3

	CBD 办公面积（万平方米）	城市 GDP 总量（亿美元）	第三产业占 GDP比重（%）	人均占有量（人/平方米）
第一级	>2000	>3000	80	约 1.2~3.5
第二级	1000~2000	>1500	70	约 0.4~1.6
第三级	500~1000	>1000	65	约 0.4
第四级	300~500	>500	55	约 0.3

资料来源：杨俊宴、吴明伟：《城市 CBD 与产业规模结构量化比较——中国 CBD 发展量化研究之三》，《城市规划》2006 年第 3 期

2.2.2 满足以宜居为目标的多样化需求

（1）住区空间因地制宜呈多样化的密度与强度特征

住区密度与强度整体也呈现出从中心向外围递减的规律，但受到城市发展条件、住房需求和生活习惯、地域文化传承等影响呈现更为多样的形态（图2-4）。

东京住区形态

东京是世界经济活动很活跃、人口密度很高的地区。受到地震多发等因素影响，东京地区的建筑高度往往受到限制。加之东京土地为私有制，民众也喜欢较为低矮的居住建筑，因此东京住区往往以低层独栋住宅或多层公寓为主。其中2层的住宅比重超过40%，7层以下的住宅比重为80.57%，15层以上的住宅比重只有2.5%。东京容积率规划指标中，部分纯居住用地容积率管控上限为5.0，但因为建筑密度上限普遍较高，最高可达到80%，因此建筑层数也多不会很高。

巴塞罗那住区形态

纽约郊区住区形态

纽约曼哈顿住区形态

巴塞罗那大部分住区则以街坊式为主。巴塞罗那于1859年开始实施塞尔达的新城规划（Plan Cerdà），以充满理性的正交网格状结构进行城市改造及扩张。规划每个街区为方形，边长约为113m，4个转角处倒角均为45°，街道宽度限定为20m、40m及60m3种尺寸。住区建筑密度约为50%，容积率2.5，大部分建筑层数为5层。

新加坡住区形态

图2-4 典型住区形态

纽约常见住区形态分为两种，一种为分布在郊区的别墅类住宅，

1 "About Zoning," https://
www1.nyc.gov/site/planning/
zoning/about-zoning.page.

地块容积率多为 0.5~1.25，建筑密度通常小于 55%；第二种为分布在市区中心的公寓，通常允许混合商业商务用途，表现出高强度开发的特点，地块容积率可达到 4.0~10.0，建筑密度被允许达到 70%~80%。[1]

新加坡以"居者有其屋"为目标，采取依托轨道交通建造新市镇进行人口疏解、建设高密度公共住房为主的发展策略。初期公屋建设大部分住宅层数为 10~13 层，容积率多为 2.8。随着房型面积提高，住宅比例的不断增大，新加坡市镇住区容积率也开始逐渐增加，达到 3.5 或者 4.0，与此同时采用完善邻里设施、增加高层平台花园等方法使住宅向更高品质发展，减缓高强度开发带来的空间压抑。

我国城市常见的住宅模式有两种，一种为 20 世纪 80–90 年代多层行列式（接近多层高密），一种是近 20 年来的高层板楼和塔楼建设模式（以中高强度、高层、低密度为主）。但由于城市发展条件不同，各地城市密度和强度也表现出一定的地域特征。作为我国城镇最为密集、人口最为稠密的区域，粤港澳大湾区整体都呈现出比我国其他地区更为高密度高强度的住区开发，而且大湾区内部的主要城市住区也各有特点。

如广州建城已有 2200 余年，住区也更多体现出历史脉络传承与多元拼贴的特色，在沿珠江由西往东发展的核心地区，分别呈现出清末时期西关"东西长街、南北短街"的低层高密度住区风貌，民国时期东山新河浦独栋小洋楼的住区风貌，中华人民共和国成立后结合工业区建设的多层高密度工人新村住区风貌（如建设新村、邮电新村），改革开放后借鉴国外和香港新城规划思想建成的现代城市社区风貌（如五羊新城高层、多层和别墅住宅的组合，采用立体交通体系，配备学校、运动场、文化娱乐、商务办公等各类设施），2010 年第 16 届亚运会时期以珠江新城为代表建设的新时期高层低密度住区风貌等。

深圳、珠海是大湾区最早设立的两个经济特区，按照不同发展路径，住区风貌也各有不同。深圳市毗邻香港，在住区建设上多借鉴和学习了香港地区的较大型住宅楼盘模式，风格多元，具有鲜明的现代化都市气息，往往在低建筑密度基础上，组合配置高层和别墅住宅类型。近年来经济快速发展带来的人口和用地矛盾加剧，深圳住区也进一步向高层化发展。珠海市在发展过程中，则突出对山体、河道和海岸资源本底与视线通廊的保护，在特区建设初期就制定了严格的城市设计标准，规定不准在山坡 25m 等高线以上、前山河沿岸纵深 30m 范围内、沿海岸陆域纵深 50m 范围内兴建建筑等，使城市发展能望得见山、看得见海，因此珠海老城区住区更多以多层、中高层中密度为主，体现出鲜明的滨海花园城市特色。

香港、澳门作为沿海岛屿类城市，一直以来存在人口急剧扩张与土地资源极为紧缺的矛盾，住区发展形成了典型的高密度、高集中、高混合用途形式的公屋模式。在香港住宅发展密度控制标准中，都会区和新市镇的最低容积率控制上限也达到了 3.0，远高于其他城市。但这两座城市也非常注重对高密度住区的宜居性优化，包括对自然开敞空间的保护、增加公共服务设施、促进便捷连通等，促进了住区从住有所居到住能宜居的发展。

（2）宜居舒适住区的共同导向

总体来看，亚洲城市人口与土地资源矛盾十分紧张，住区密度与强度普遍较高。欧美地区住区密度与强度相对较低，但近年来随着精明增长、紧凑城市等理念的提出，普遍呈现出密度与强度升高的趋势，用地更加集约化。

但以香港、新加坡为代表的高密度高强度住区开发中，反映出的负面效应也值得反思，比如日照遮挡、绿地空间少、空气流通不畅等造成的住区品质下降，私人空间缺乏带来的身心压抑与社会冲突增多，以及食品与能源供给、疾病传播、基础设施建设成本高昂等问题。

因此，我国城市住区发展在促进资源集约利用的同时，也更需重视住区健康、安全、舒适的发展。总结下来，以下 4 个方面的共同导向值得关注：

①遵循人口密度分布与基本生活要求。按照实际人口分布对住房资源合理布局。以消防安全为首要考虑因素，限定住区建筑合理高度，并匹配各地区日照间距和设施服务的便捷要求等。

②保障职住平衡。就业人口与居住人口平衡，促进中心地区混合开发，保障性住房达到合理比例，结合轨道站点建设提高开发强度等，缩短居民通勤时间。

③提供多样化的住区空间选择。各城市往往在中心区根据就业需求提供类型多样的、高密度高强度的租赁或保障性住房，而在中心区外围或者郊野地区允许建设大量独栋别墅类住宅。

④充分保障休憩、社区服务与交往空间。香港通过高密度的住宅开发保留了大量的郊野公园，实现了整体自然生态资源的良好保护；欧洲的街坊式住宅有效传承了欧洲居民进行交往的庭院空间；东京低层独栋住宅在满足地震安全防护的同时，保障了城市整体空间与视线的通畅；纽约郊区住宅与中心高层公寓则有效平衡了住区的舒适性与便利性等多种需求。

2.3 与绿色交通体系相适应

交通是城市基本功能之一，城市密度和强度所产生的核心问题之一是交通问题，城市的密度与强度不同，交通出行方式和供需关系也不同，需要通过交通发展模式的变化来平衡或缓解交通问题。选择适宜的交通发展模式将促进城市密度与强度与交通出行体系的协调，进而实现绿色发展。

2.3.1　交通与城市密度、强度的协调关系

（1）三个核心要素的动态平衡

交通是联系城市功能的纽带，交通系统与城市相伴相生，两者呈现动态平衡关系，其主要表现是与城市密度与强度的动态平衡。这一平衡关系所涉及的三个核心要素分别是交通需求、交通供给和交通方式。其中，交通需求受城市密度与强度直接影响，交通供给对应交通需求，反映交通设施水平，交通方式则是交通供给的主要结果，反映交通出行结构。纵观世界城市，即便交通模式和发展轨迹各不相同，甚至千差万别，交通与城市的动态平衡都是上述三个要素在不同条件和密度与强度下的具体体现。

（2）密度、强度与交通结构的内在逻辑

对比世界典型城市的人口密度与交通出行结构指标，很容易发现这样的规律，即在机动化出行方式中，中低密度城市中私人车辆的占比较高，而高密度城市中公共交通占据主导地位（表 2-4）。

世界城市人口密度与交通出行结构统计　　　　表 2-4

城市	指标	城市	指标
东京	人口密度 14148 人 / 平方千米 公共交通 45%，私人车辆 28%	墨尔本	人口密度 2618 人 / 平方千米 公共交通 7%，私人车辆 77%
新加坡	人口密度 7163 人 / 平方千米 公共交通 44%，私人车辆 33%	罗马	人口密度 2868 人 / 平方千米 公共交通 20%，私人车辆 59%
巴黎	人口密度 8530 人 / 平方千米 公共交通 62%，私人车辆 33%	多伦多	人口密度 3810 人 / 平方千米 公共交通 24%，私人车辆 67%
库里蒂巴	人口密度 4419 人 / 平方千米 公共交通 45%，私人车辆 28%	芝加哥	人口密度 4584 人 / 平方千米 公共交通 16%，私人车辆 63%

资料来源：Anon. "Passenger Transport Mode Share in World Cities," *Journeys*, accessed September 20, 2015, http:// www.lta.gov.sg/ltaacademy/doc/J11Nov-p60PassengerTransportModeShares.pdf

究其原因，高密度的人口决定了高强度的交通需求，如果这些需求以私人车辆的形式出现，就会远远超出相应的道路空间所能负担的范围。为了实现交通的正常运转，大部分交通需求必须通过地铁或巴士等公共交通方式实现集约化出行，如东京、新加坡和巴黎等城市；中低密度人口则对应中低强度的交通需求，城市道路可以满足大部分采用小汽车出行需求而不陷于瘫痪，往往形成以私人车辆为主的出行结构，如墨尔本、罗马和多伦多等城市。目前，国内大部分中小城市交通以私人交通为主，公共交通不够发达。

（3）城市交通发展的典型路径

1 详见本系列教材《城乡基础设施效率与体系化》案例 5.4。

芝加哥和库里蒂巴[1]的案例反映了在人口密度相当的条件下，不同的交通设施供给理念和策略带来的两种平衡状态。芝加哥通过增加道路供给来缓解交通矛盾，如拓展道路、架设立交等，结果导致更高比例的私人小汽车出行；而库里蒂巴大力建设快速公交（Bus Rapid Transit，简称 BRT）系统并在沿线开发高强度的公共交通导向发展模式（Transit-oriented Development，简称 TOD），实现了交通出行的进一步集约化。显而易见，库里蒂巴的交通发展模式更加健康和可持续。

2 朱权、唐翀、曹乔松、席海凌：《昆明公交专用道实践历程及系统提升对策》，2013 中国城市交通规划年会论文集，2013，第 866-877 页。

3 杨涛、何小洲：《对中国城市快速公交 BRT 的反思与建议》，https://www.thepaper.cn/newsDetail_forward_1606479，访问日期：2017 年 1 月 23 日。

昆明作为国内第一个实现路中式公交专用道的城市，1999—2012年建成了约 113km 的路中式公交专用道网络，覆盖了全市 2/3 的公交线路（160 余条），承担了全市 1/2 的公交运量（约 115 万人次），公交出行率由 5% 左右上升至 23.4%，在国内外引起良好的示范效应。[2]然而，为缓解道路拥堵，该市却在 2013 年将大部分路中式公交专用道改造为路侧式专用道；[3]实践证明，这一措施缓堵效果有限，却导致公交效率和出行率显著下降。2017 年，昆明开始在部分道路恢复路中式公交专用道。昆明在公交发展战略上的反复充分验证了交通发展模式选择在实现交通与城市密度与强度相协调中的重要作用。

西方国家特别是美国许多城市半个多世纪以来的交通发展历程也证明，扩建道路并不能有效缓解交通拥堵，往往会导致更多的人选用小汽车出行，降低交通设施利用效率。此外，低密度低强度开发易导致城市规模扩张，出行距离增加，进一步刺激个体机动车出行。相反，结合公共交通进行局部高强度开发则有助于提高交通系统效率，建设土地更集约、交通更高效的紧凑型城市。

2.3.2 适应于不同城市密度与强度的绿色交通发展模式

绿色交通体系是城市绿色发展的重要支撑，其核心是实现交通出行方式的低碳和集约，降低能源和资源的消耗，减少交通污染。

影响各城市交通发展模式选择的因素主要有 3 个：人口规模与密度、经济发展水平、资源环境约束。人口规模较大、密度较高的城市能产生大量的客源，为公共交通系统的可持续建设运营提供足够的经济支撑，从而同时提升市民和政府在出行和建设方面的成本效益。经济发展水平一方面直接决定了居民对各类交通方式出行成本的接受程度，影响个体机动化交通方式的比例，另一方面也决定了政府对交通建设的投资力度。在忽略环境影响和社会公平的情况下，市民与政府很容易在增加小汽车使用和增大道路建设力度方面"达成一致"。

近几十年来，资源环境对交通发展模式的影响也逐步增强，降低交通能源消耗成为许多国家市民出行和政府投资的重要考虑。由于土地资源与环境容量的双重约束，城市要实现绿色发展，难以依靠建立在小汽车交通主导基础上的蔓延式低效扩张，而需要大力提升公交和慢行交通的出行比例和效率，形成绿色交通主导的发展模式。如运载 69 人出行，需要小汽车（自驾）69 辆，人均占用道路约 $21m^2$，总占地达到 $1449m^2$；需要自行车 69 辆，人均占用道路面积约 $1.2m^2$，总占地 $82.8m^2$；而公共汽车仅需 1 台，人均占用道路约 $0.66m^2$，总占地仅 $45.54m^2$。

对于不同规模的城市地区，建设密度与强度适宜的紧凑型城市，树立"以人为核心"的绿色交通发展理念，选择与城市密度与强度相适应的交通发展模式，合理组织并灵活运用各种绿色交通方式，是保障城市绿色发展的重要条件（表 2-5 ）。

适宜不同规模城市的绿色交通发展模式　　　表 2-5

城市规模	城市特点	绿色交通发展模式	代表城市
高密度大都市	市中心常住人口超过 500 万，经济发达	轨道交通主导模式	伦敦、香港、东京、上海、广州
中高密度大中城市	市中心常住人口在 150 万以上，大规模建设轨道交通可能导致经济发展不可持续	快速公交 + 轨道交通主导模式	波哥大、库里蒂巴、伊斯坦布尔、宜昌、厦门
中低密度城市	市中心常住人口在 100 万以内，城市密度难以支撑大容量轨道交通客流规模	公共交通与个体交通均衡发展模式	哥本哈根、旧金山、波士顿、三亚
低密度小城镇	城区常住人口 30 万以下的低密度小城镇，难以支撑公交客流	慢行交通 + 个体交通主导模式	乌特勒支、美国加州戴维斯

资料来源：曾滢 整理

总之，要实现城市交通的绿色发展，应充分认识到交通发展模式与城市密度与强度之间的互动关系，重视城市功能布局和交通服务品质对交通需求的引导作用，推动交通发展方式从以单一道路建设为主体的"被动追赶型"向以发展高质量公共交通服务和慢行交通环境为主体的"主动引导型"转变。"主动引导型"的核心目标在于：一是通过城市用地功能的合理布局和科学的交通组织，尽可能缩短交通出行距离；二是通过匹配开发强度与交通设施，提升交通资源利用效率。

2.3.3　科学认识窄马路，密路网

（1）从"宽马路、疏路网"到"窄马路、密路网"

街道尺度与路网密度呈反比关系，尺度越小的街区，路网密度越

大，一般呈现"窄马路、密路网"的形态（图2-5）。过去30多年来
的城市建设进程中，道路里程快速增加（图2-6），道路也越来越宽，
城市道路网络呈现"宽马路、疏路网"发展态势，6~8车道宽马路随
处可见，10车道以上"超宽马路"也在许多城市出现。

对比国外城市，我国城市"宽马路、疏路网"的属性更为突出。
以广州为例，2010年全市城市道路平均宽度为14.2m。随后5年，城
市道路长度增加了784km，而道路面积增加了1985万平方米，道路
宽度迅速增长，新增加道路的平均宽度为25.3m。路网密度方面，从
全国来看，我国北方城市平均道路密度为5.07km/km²，南方城市为

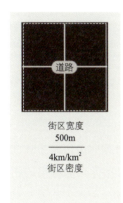

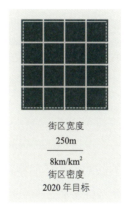

图2-5　城市道路密度与街区关系图

图片来源：中国城市规划设计研究院：《中国主要城市道路网密度监测报告（2018年度）》

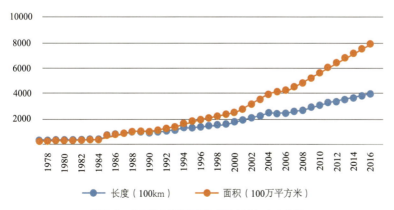

图2-6　全国城市道路面积和道路长度年度变化图

数据来源：根据《国家统计年鉴》（1978—2017）整理

37

$6.62km/km^2$，街区平均宽度在 $300\sim400m$ 之间，路网总体较为稀疏。

进一步以北京和东京进行比较。据统计，一方面，北京人口集中地区的人口密度高于日本东京，分别为 12264 人 / 平方千米和 8700 人 / 平方千米，但从城市道路网密度指标来看，北京明显低于东京。另一方面，北京道路长度仅为东京的 1/4，但道路总面积却是东京的 2 倍，道路平均宽度甚至高达东京的 8 倍。此外，北京城市机动车保有量约 600 万，而东京 800 多万，但交通拥堵情况却比东京严重得多（表 2-6）。

北京与东京市域城市道路特征参数对比 表 2-6

指标	北京	东京
道路总长度（km）	43935	173632
道路总面积（km²）	2089	1042

资料来源：曾滢 整理

上述对比结果从侧面反映出我国城市道路网络和城市密度与强度的匹配性出了问题，"宽马路、疏路网"难以有效支撑当前城市的密度与强度。主要问题有：

（1）限制了交通流线组织和公交线网布设的灵活性，使车流过于集中在干路系统，容易引发拥堵。

（2）容易造就大尺度街区，进而产生出行绕行距离过远、可达性不足等问题。

（3）过宽的道路不仅不利于慢行过街的安全性、便捷性，还会给道路两侧的公交换乘带来不便。

（4）受道路交通性过强、临街界面不足等因素的限制，而难以营造活跃的临街商业氛围。

（2）"窄马路、密路网"是交通规划理念从面向车到面向人的理性回归

为应对我国城市普遍存在的干路过宽、支路密度不足的问题，2016年2月发布的《中共中央　国务院关于进一步加强城市规划建设管理工作的若干意见》中提出，要"树立'窄马路、密路网'的城市道路布局理念"。从城市发展的历史上看，"窄马路、密路网"并不是新事物，在机动车出现之前，为了服务于步行或人、畜力交通工具，无论是中国还是西方城市，其道路交通系统都是窄马路、密路网。然而，随着汽车的普及，许多城市开始大量拓宽既有道路，并建设适于汽车通行的大尺度街区和新城。

道路网密度决定了城市街区尺度，道路宽度决定了其对街区的分隔程度，对交通效率和用地效率产生直接影响。对机动车而言，交通效率随道路网密度和宽度的增大先提高（小于 $10km/km^2$ 时）后降低（大于 $12km/km^2$ 时）；对于慢行交通而言，道路网密度越高，宽度越窄，慢行交通可达性越好，效率也就越高（图 2-7）。简言之，"宽马路、疏路网"更适应车的通行，对人的活动并不友好。"窄马路、密路网"理念的提出实质上是重新建立以人为本的交通规划导向，实现从面向车到面向人的理性回归，也恰好适应了新时期城市建设的要求。

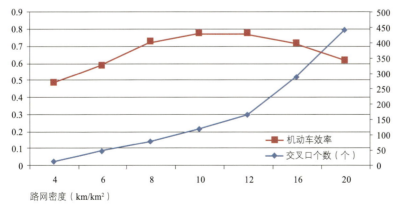

图 2-7　机动车交通效率与道路网密度的关系

图片来源：曾莹 绘

39

（3）适宜绿色发展的城市道路网

实践证明"窄马路、密路网"是有利于提高交通效率，实现城市高质量发展的道路布局模式。对比国外城市及中国香港，宜居城市或宜居地区路网的共同特点是保持高密度、小尺度、小街区和高连通性，较好地平衡了人行和车行资源的配置（表2-7）。

部分国际城市道路指标比较　　表 2-7

类别	城市	道路网密度（km/km²）	道路面积率（%）
中心区	大阪	22.92	32.30
	东京	21.30	31.10
	巴塞罗那	16.86	28.00
	库里蒂巴	12.30	22.60
	布宜诺斯艾利斯	15.20	25.40
	香港	22.90	32.30
	纽约曼哈顿	27.30（密集区）18.40（其他区）	41.70（密集区）29.10（其他区）
	迪拜	8.60	20.90
新城区、生活区	新加坡	8.40	19.80
	迪拜填海新城	7.90	21.10
	东京填海新区	6.30	18.20
	东京居住区	5.50	12.40
工业区	大阪工业区	7.20	18.30

资料来源：赵新：《城市路网密度规划控制标准研究》，《福建建筑》2015 年第 9 期

我国大部分城市处于人口密集地区，如前文所述，扩建道路并不能从根本上解决交通问题，而过度建设却会给城市带来难以挽回的损失。一方面城市原有格局被破坏，街道活力减退，甚至传承千年的城市肌理消失殆尽；另一方面，过量的道路供给诱发私人小汽车的过度使用，导致交通出行结构失衡，大量停车占据城市公共空间。要真正实现城市道

路网供给与密度、强度的协调，避免过度建设，必须因地制宜，对包括城市道路和轨道在内的交通设施的规划建设进行有效管控和合理引导。

以道路网为例，应系统考虑道路网密度和道路宽度两项指标，避免仅用单一的密度指标作为评判道路网合理性的依据。此外，应结合各城市具体情况，通过量化道路网密度和道路宽度两个指标，更科学地评估道路网窄密程度，找到"疏"或"密"、"宽"或"窄"的临界值和"窄马路、密路网"的合理区间，把科学的理念和方法落到实处（表2-8、表2-9）。

区域道路网密度等级划分建议值　　表2-8

等级	疏	较疏	较密	密
路网密度（km/km²）	<7	7~10	10~15	>15

资料来源：曾滢 整理

区域道路宽度等级划分建议值　　表2-9

等级	窄	较窄	较宽	宽
宽度（m）	<20	20~25	25~30	≥30

资料来源：同表2-8

不同城市功能区密度与强度及出行需求各异，应结合交通组织，按不同的标准配置适宜的交通网络，营造高效便利的绿色交通出行环境。

居住区。优先满足休闲、日常活动、购物等基于慢行交通活动的需求，并兼顾机动车交通的汇集疏散和出入社区的需求。路网规划上充分考虑慢行优先，可通过增加支路网密度，缩短平面过街间距，减小转弯半径等方式，来降低机动车行驶速度，适当限制机动车效率，以保障慢行交通安全和舒适性。

商业区。首先满足区域机动车快速可达，同时也要保障内部慢行交通的可达性，路网规划上要兼顾机动车和慢行的效率。对外衔接道路宜减少慢行交通干扰，提高机动车交通效率；内部可通过采用共享街道、地下空间步行连通等方式，优先保障慢行的效率。

工业区。以生产为主，货运需求量大，慢行交通需求与其他地区相比较少，路网规划宜优先保障机动车交通效率，可适当降低路网密度，增加交叉口间距。

2.4 具有凝聚力的公共服务中心

城市经济发展、人口集聚程度的差异，产生了不同量级的公共服务需求。选择一个适合当地的公共服务中心体系，引导形成适度密集的人口分布格局，是提升公共服务可达性与便利性的基础。通过设施集中布局、独立建设，营造清晰明了的公共服务中心体系，为居民提供交往空间，有助于营造社区氛围，增强社区凝聚力。

2.4.1 与密度、强度相匹配的公共服务中心体系

公共服务中心体系一般会受到政治体制、城市格局、地域文化多种因素影响，但由于公共服务设施维持正常运营需要一定的门槛人口，地区人口规模和人口密度仍然是决定公共服务中心体系的关键要素。如上海市按照人口规模配套"中央商务区、城市副中心（服务100万~150万人）、地区中心（服务30万~80万人）、社区中心（服务5万~10万人）"4个层次的公共服务中心体系。

因地制宜确定适合当地的人口密度区间，需要在居民方便出行和设施正常运营之间取得平衡。在一定人口规模下，人口密度越高，设施的服务半径越小，地区能够提供的公共服务就越丰富；但人口密度超过一

定的范围，又会带来拥挤的城市空间。上海为了确定适合当地的人口密度区间，一方面从设施正常运营出发，以高级中学这一人口门槛最高的设施，作为人口密度的下限；从舒适的住区环境角度来考虑人口密度的上限。由此得出理想的社区人口密度是在 1 万 ~3 万人 / 平方千米之间。

引导人口适度稠密布局，有利于提高公共服务设施的可达性与便利性。中小城市往往由于用地条件相对宽松，居住区呈中低密度扩张，导致设施服务半径变大，不便于居民使用。对于中小城市，引导住区紧凑布局，适度提升地区人口密度，是提升公共服务中心服务水平的关键。根据测算，如果要满足居民 15 分钟步行达到公共服务中心的出行需求，那么该范围内人口密度就不应低于 1.5 万人 / 平方千米；如果要满足 15 分钟骑行出行，那人口密度不应低于 5000 人 / 平方千米。

公共服务中心体系

城市公共服务设施一般指提供文化、教育、体育、医疗卫生社会福利和生活购物等功能的设施载体。

在功能上，城市人口的聚集和功能的提升，促进了公共服务设施从服务社区居民的基本生活需求向承载城市、区域高端服务的层级跃迁。在布局上，同类设施集聚带来的规模效应，以及不同设施之间功能上的互补，促进了公共服务设施空间上的集中，孕育出公共服务中心。

不同层级的公共服务中心共同组成了城市公共服务中心体系。总的来看，城市的公共服务中心可以分为面向区域、面向城市、面向片区、面向社区 4 个层级。

大城市中心地区人口高度集中，需要采取灵活的方式布局公共服务设施，方便市民生活。充足而灵活布局的公共服务设施，能够在一定程度上缓解极高人口密度带来的城市拥挤。新加坡住区人口密度都超过 2 万人 / 平方千米，为了在高强度高密度的组屋开发下，仍然能够为居民提供方便快捷的公共服务，新加坡构建了一套层级清晰的公共服务中心体系，精心布局地区人口与公共服务设施（图 2-8）。香港人口密度接近 2.6 万人 / 平方千米，是全球超高人口密度地区。香港通过奖励政策，利用高层建筑底层提供长者护理、青少年活动、残疾人康复中心等公共服务设施。

图 2-8　新加坡的邻里中心

图片来源：张圣侃：《新加坡社区中心的设计与规划》，《城市建筑》2013 年第 14 期

新加坡以邻里中心为特征的公共服务中心体系

新加坡作为城市国家，面对有限的国土面积与增长的人口，通过构建层级明了、边界清晰的公共服务中心体系，为居民提供了充足、便捷的公共服务。新加坡的公共服务体系包括中央活动区—区域中心—新镇中心—邻里中心—组团中心 5 个层级。

①中央活动区：面向全球，服务新加坡 560 多万国民及东亚各国居民，提供历史文化、行政商务、金融会展、休闲娱乐等高端服务功能。

②区域中心，服务 50 万~100 万人，集中布局商务办公以及市民中心、图书馆、医疗中心等社会服务设施，是区域主要的购物中心所在地。

③新镇中心：服务 12 万~25 万人，占地约 20~30hm²。集中图书馆、医院、大型商业等设施，结合轨道交通站点，以条状建筑围合街区形式布局。居民通过公交、步行等出行方式，可以方便地完成就医、购物、娱乐等活动。

④邻里中心：服务 2 万~3 万人，占地约 1.8~4hm²。邻里中心一般提供银行、超市、邮政、餐饮店等日常生活设施，传统上以综合楼的形式为主，近年出现独立商业 + 住宅底层商业的形式。

⑤组团中心：服务 2000~5000 人，一般不大于 0.8hm²，设施以儿童游乐场、活动场地、小型商店、普通日常商店、餐馆为主，主要为居民提供一个日常交往、休憩的场所。

资料来源：李盛：《新加坡邻里中心及其在我国的借鉴意义》，《国外城市规划》1999 年第 4 期

2.4.2　布局独立占地的公共服务中心

通过独立用地、集中布局的方式建设公共服务设施，有利于平衡高密度高强度带来的拥挤，为公共服务设施提供足够的服务面积；也有利于城市开敞空间的组织和建设（表 2-10）。引导公共服务中心地

区低密度低强度的建设，形成与周边高密度高强度地区差异化的空间体验，从而塑造辨识性强的地区公共中心区域，降低高密度高强度给人带来的心理压力。

广州珠江新城花城广场占地 56hm^2，以低密度公园广场为主，并在公园广场两侧布局了广州图书馆、广州大剧院、广东省博物馆、广州市第二少年宫等公共服务设施，使得珠江新城中央商务区核心区整体容积率不超过 4，为城市提供了一个高质量发展的城市中心。

适宜独立占地或联合建设的社区服务设施　表 2-10

15 分钟生活圈居住区	10 分钟生活圈居住区	5 分钟生活圈居住区
应独立占地：初中、养老院、老年养护院	应独立占地：小学	
宜独立占地：大型多功能运动场地、社区医院、公交车站	宜独立占地：中型多功能运动场地、公交车站	宜独立占地：幼儿园、小型多功能运动场地、室外综合健身场地、生活垃圾收集站
可联合建设：门诊、文化活动中心、社区服务中心、街道办、商场、餐饮设施、银行网点	可联合建设：商场、菜市场或生鲜市场、餐饮设施、银行营业网点、电信营业网点	可联合建设：社区服务站、文化活动站、老年人日间照料中心、超市、药店、洗衣店、美发店、再生资源回收点

资料来源：萧敬豪根据《城市居住区规划设计标准》GB 50180-2018 整理

苏州工业园借鉴新加坡模式，在园区中建设 17 个低密度低强度的邻里中心，不仅提供方便生活的综合服务，还在高密度高强度住区营造了难得的开敞空间，缓解了高层建筑密集地区对人的心理压迫感。

2.4.3　形成有凝聚力的社区中心

我国传统城乡建设中，城镇、村落往往以祠堂、学校等公共设施为中心，形成居民熟悉、认同的社区。但在当前的城市建设模式下，同一社区公共服务设施的建设大多交由多家开发商在不同时期完成，导致大部分城市公共服务设施布局分散，未形成功能集中、识别性强的公共中心。居民日常锻炼、购物、交流等活动往往只能借助非正式空间完成，造成了"广场舞占领篮球场""暴走团压马路"等社会现象。缺乏共同活动的交往空间，居民难以形成强烈的社区归属感。

为居民开展社区交往提供形象鲜明、方便可达、稳定熟悉的场所。新加坡邻里中心以满足当地居民的生活需求为主，将功能互补的生活、文化、体育、购物设施进行就近布局，既缩短了市民的出行时间，又能为市民提供多样化的公共服务。邻里中心作为居民家庭生活在公共空间的延伸，人们在这里进行聚餐、交流、阅读，营造了浓郁的社区文化氛围，增强了社区凝聚力。

考虑社区人口结构的差异化服务需求，为老龄人口、孕妇、婴幼儿提供充足的设施，增强不同年龄段居民的获得感。随着二孩政策、老龄化加剧变化，需要考虑城市内部不同地区人口密度、人口年龄构成、户籍构成、生活习惯的差异，构建公平普惠的民生服务体系。广州提出在满足社区基本服务均等化要求的基础上，适应社区人口结构及功能特征，建立乐龄社区、青年社区、流动人口社区、国际社区的差异化社区公共服务设施配置标准。

雄安新区针对不同年龄段学生的出行特征，以中学、小学、幼儿园为配置线索，提出构建社区、邻里、街坊三级生活圈。社区生活圈（15分钟生活圈）以中学服务人口为基础，考虑中学生出行特征，配套医疗卫生、文化活动中心、社区服务中心、体育运动场地等设施。邻里生活圈（10分钟生活圈）以小学服务人口为基础，考虑小学生出行习惯，配套社区活动中心、综合健身场地、综合购物店、肉菜市场等设施。街坊生活圈（5分钟生活圈）以幼儿园服务人口为基础，考虑幼儿及家长的接送习惯，配套全天候便利店、微绿地、社区服务站、文化活动站、社区卫生服务站、小型健身场所等设施。

2.5 保持街区活力与文化传承

适宜的街区密度与强度，可以激发街区的活力。过高的街区密度与强度，会给行人带来心理上的空间压抑感，以及体验欠佳的公共环境质量。而过低的街区密度与强度，则不足以提供充足的公共活动场所，来吸引人流集聚。绝大多数街区活力的保持与营造可以被归纳为3个关键形态要素：紧凑的街区尺度、良好的人行空间密度、适宜的沿街界面。

2.5.1 紧凑的街区尺度，利于人气集聚

（1）人性尺度的小街坊开发，更容易促成密度适宜的街区形态

小街坊主张将人的活动从尺度巨大的综合体或者封闭式管理的社区中溢出，流到城市街道上去。小街坊划分所带来密集的公共街道、小尺度的开敞空间，不仅避免了密集地区连片巨型高层建筑所造成的尺度失衡和压抑感，形成疏密相宜的街区形态，还为行人提供了更多更安全的步行线路、触手可及的街头便利服务，造就了丰富的邻里生活。

美国波特兰作为小街坊建设的典型城市，采用 60m×60m 的小街坊紧凑开发，路网密度高达 25km/km²，街区建筑密度一般都在 65% 以上，优先发展步行、自行车、公共交通等绿色交通，20 分钟步行或骑车可到达日常生活所需的商店、学校、图书馆、交通站、公园，并提供灵活布局的公共空间，诸如街道、广场、绿地公园等公共空间。以带状绿地、点状街角公园等多种形式的绿地，自由灵活地点缀在密集建设区域内，占波特兰核心区用地的 50%，服务半径绝大部分在 400m 以内，行人使用方便。

（2）细密的城市肌理大大增加临街面，激活城市经济活动

发达的支路系统极大地增加了临街界面，诱发了更多的城市多样性活动和多元化功能业态，促进了城市经济活动的繁荣发展。小规模、小尺度的街区环境，促成了更精巧的城市景观，有利于为行人提供更具吸引力的日常休闲消费环境。

以曼哈顿和上海街区为例，选取相同面积和相似功能的街道空间作对比，发现曼哈顿所提供的临街界面长度是上海街道空间的 3 倍。曼哈顿细密且连续的临街面大大提升了街区的开放程度，提供更多的商业、文化、休闲、娱乐等活动，集聚了更多的功能业态，也吸引了大量的人流。这与上海局部街道空间的萧条和封闭形成对比。

2.5.2 增加人行空间比例，提供更多驻足空间

增加人行空间比例，提高人行空间密度。在不拓宽道路的前提下，结合街道空间重置来支持步行活动。通过规范车的空间，拓展人的空间，来提供更多更舒适的行人空间。广州近年来开展了街道空间品质提升实践行动，释放出了更多的活动空间（图 2-9）。

通过重置街道空间，不大拆大建、不"穿衣戴帽"，同样空间里多种方式加大人行空间。以人为本，造就宜人街道空间，通过重新划分和设计街道，释放机动车道、停车带等车行空间，来增加人行步道和驻足空间，从而提升行人步行体验。以人行空间的改造提升来规范车行空间，使大家各行其道，从而大大提高了街道的利用率和活力。

以人为中心，形成庞大且安全的步行街道空间网络。近年来，国际各大城市越来越重视城市步行空间的营造，根据纽约市政府彭博计划（2002—2013 年），基于"完整街道的实现"的目标，逐步开展重新设计及改造街道空间，该项计划致力于将小汽车为主导的城市街道转换为"以人为核心"的公共空间，改造成为以优化交通性、提供更多

图 2-9　广州爱群大厦周边街道空间改造实践

图片来源：孙泽彬 拍摄和绘制

活动空间为目的的公共空间。2007 年以来，纽约交通局建设了 59 个中小型街道上的公共广场项目，成为行人停留和消磨时光的公共场所。[1] 同时，结合路况复杂的交通路口改造，给步行者和骑行者提供更多的活动空间。

1 《可持续城市与交通，公共空间的改造》，一览众山小公众号 2014。

2.5.3　适宜的沿街界面形态，促进社会交往

（1）从人的感受出发，适度高宽比尺度，能够形成舒适的交往环境

不同的街道的高宽比给人的感受是不同的，芦原义信在其代表作

《街道的美学》中提到："当 D/H>1 时，随着比值的增加街道空间会产生逐步扩大远离之感；当 D/H>2 时，街道空间产生开阔之感；当 D/H=1 时，街道空间产生协调匀称之感；小于该比值街道空间过于狭窄，故而 D/H=1 是街道空间行人感受差异的转折点。"

街区需要亲切宜人的尺度，而保持适度的街道"窄感"，使得建筑本体和建筑底座之间形成一种包络围合的空间关系，人游走于其中，建筑、设施、公共空间变得更加触手可及，形成了更具亲和力的交往互动空间。成都太古里商业步行街，延续传统街巷里弄肌理，沿街商业建筑为 1~3 层，层高 3~4m，二层连廊让独栋建筑彼此连通。行人走在地面上，D/H 在 1~1.5 之间，较为舒适；而在连廊上，D/H 在 1.5~3 之间，有开阔之感，整体空间尺度亲切不压抑。

（2）连续界面、良好的建筑退缩，可形成活跃的人性化场所

拥有充满活力临街面的街道是拥有完整且连续的沿街界面，鼓励首层适度开放，集聚更多元活动，促进了更为积极的社交行为。建筑退缩既影响到街道界面的整体连续性，也决定人行空间及活动的范围，足够的退缩空间能够保证建筑前空间的有序利用，并营造整齐而有秩序的街道空间。

波特兰街道空间氛围活跃，沿街建筑立面统一、连续，这与建筑退让的控制方式有关。波特兰区划法规定，城市重点区范围内的重要街道建筑必须贴近街道进行开发建设，建筑与地块红线的距离宜小于 3.7m，贴线率至少为 75%，且计入贴线率的建筑街墙高度不小于 4.6m。此外，波特兰街道空间营造中，相当重视适度开放首层人性化公共空间，比如办公商务区建筑在首层设置零售、大厅、餐饮、康体设施等活跃的功能，从而提升行人公共空间体验。

2.6 形成舒适的微气候环境

　　人口高度聚集的城区是热岛效应的核心地区，高强度与高密度的
开发容易引起通风不畅及其他问题。城市不同密度与强度地区应关注
如何提升气候舒适度，通过疏密有致的空间布局在高密度地区营造通
风廊道，优化建筑布局以促进通风；低密度地区可提升植被覆盖度，
改善热岛效应。

2.6.1　缓解城市密度与强度对城市的热环境、风环境的影响

　　过高的密度与强度引起城市热岛效应与通风不畅问题（图 2-10 ）。
德国斯图加特通过气候分析图发现高密度中心城区与热岛、城市小风
区域吻合，从而成为全世界第一个制作城市环境气候分析图并将其成
功地应用于城市规划发展的城市。

　　一般来说，快速城镇化进程与城市气温的升高同步。广州从
1990—2014 年，常住人口从 630 万增长到 1300 万，建设用地扩张，

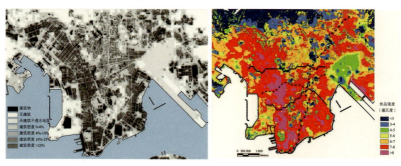

图 2-10　香港九龙：建筑密度与热岛强度显著正相关

图片来源：左图：CUHK, "Urban Climate Map and Standards for Wind Environment-Feasibility Study,"
2012./ 右图：Man Sing Wong, Janet E.Nichol, Pui Hang To and Jingzhi Wang, "A Simple Method
for Designation of Urban Ventilation Corridors and Its Application to Urban Heat Island Analysis,"
Building and Environment no. 45(2010): 1880-1889

1　广州市规划与自然资源
　　局：《广州市总体城市设
　　计——风环境与风廊专
　　题研究报告》，2017，第
　　36页。

城市建筑容量大幅提升，热岛强度也从 0.14℃ 上升到 1.53℃，增速
为每 10 年 0.09℃；风速方面，静小风频率每 10 年增加约 6.0%。[1]

开发强度越大的城市区域产生热岛效应的趋势越大。高密度高强
度地区，绿化植被覆盖低，人为热辐射强，空气流通阻力大，热岛效
应显著。一般中高密度的城市中心区为城市热岛中心，气温比周围郊
区高 1℃ 以上，最高可达 6℃ 以上。

集中建成区内降低建设密度与不透水面积，增加植被覆盖率，能
有效缓解热岛效应。缓解集中建成区的热岛效应，最根本的还是合理
控制建筑密度并增加绿化。根据广州热环境样本分析，建筑密度降低
10%，同时植被覆盖率提升 10%，地表温度降低约 0.5~1.5℃，降温效
果明显高于只增加植被的情况（图 2-11）。

建筑密度高的地区容易出现通风问题。根据城市环境分析，城市

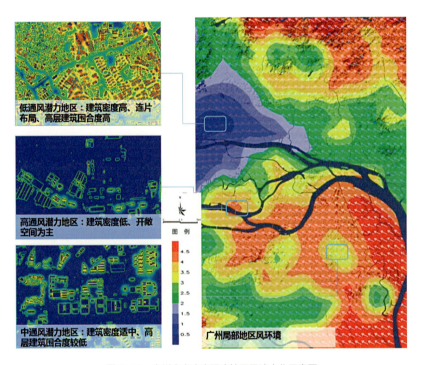

图 2-11　广州高密度高强度地区风速变化示意图
图片来源：吴婕　绘

52

静风和小风区域均位于城市集中建设地区，建筑密度高、连片布局、天空开敞度小的中心城区容易出现通风不畅的问题。广州建筑密度超过 60% 的中心城区街区典型气象日风速低于 0.5m/s，外围低密度居住区风速约 2.5~3.5m/s，是中心区的 5~6 倍。

街区或更少尺度的建筑密度与建筑布局影响局地风环境。局部的风环境受到开敞空间与建筑布局与设计的影响，建筑的围合度、建筑面宽与行人高度风速水平显著负相关，而顺应主导风向的路网与开敞空间的布局可以起到较好的导风效果。

2.6.2 不同密度与强度地区如何提升气候舒适性

高密度地区：通风是关键。高密度城市天空可视度低，辐射散热作用较差，外部空间的风环境对城市降温有重要作用。

较高密度与强度的地区通过结合主导风向控制风廊。打造通风廊道并不意味着要大拆大建，可在考虑增设绿地、广场等开敞空间，以及学校、医院等低密度公共设施的同时，注意顺应夏季主导风向，保障迎风地区的开敞性和通透性。通过逐步优化通风潜力地区，引风入城，缓解高密度地区的风热环境问题。

同时，优化局地建筑高度、建筑布局，可以有效地强化城市通风效果，提升气候舒适性。建筑高度错落有差异、散点式布局往往具有较好的通风条件。高密度高强度建设要避免大地块、大建筑体量，以利于通风散热。

中低密度地区：重视夏季热辐射。中低密度的城市由于空间布局已相对开敞，有较好的通风条件。但较高的开敞性往往带来日间太阳辐射过强的问题，极大影响户外空间舒适度。这类地区需更加重视多种方式的绿化和遮阳。

中低密度地区热环境最需要关注的是道路广场及其他公共活动空间，这类地区大面积的不透水地表和较高的开敞度导致城市地表快速吸收太阳辐射引起气温升高。对于这类场地一方面要在做好地下排水的基础上鼓励渗水铺装，结合雨水收集等生态设计，强化蒸腾散热；另一方面鼓励提高街区植被覆盖率，建设林荫道，完善街道的连续遮阳设施。北方城市，由于更关注保障冬季日照，建筑间距相对较大，道路广场等空间范围更大，这种情况下更要注重不透水地表面积的减少和立体绿化设计的增加，以便更好地形成快速散热和大面积遮阳的环境，增强人的舒适度。

香港——基于气候图，依山顺水沿风明确风廊，分区引导建设开发

　　2006年，香港规划署制定的《香港规划标准与准则——第十一章：城市设计指引》中专门就"空气流动"作出详细规定，提出沿盛行风设置风廊和与风廊交接的风道，以改善市区的微气候。

　　2007年开始，香港将通风廊道要求纳入香港各地区的规划与发展法定图则及新市镇发展区的规划设计之中。地块开展城市更新前的风环境评估已纳入法定程序，要求城市更新基于评估结果优化布局方案，促进通风。香港牛头角下邨更新前为板式围合布局，由于通风不畅问题，在更新前引起市民反馈较多意见，整个地块改造纳入了风环境评估流程，通过主导风向开敞的点式布局，保障了两条通风廊道的进入，改善了地区微气候。（图2-12~图2-14）

图2-12　风环境评估　　　图2-13　香港牛头角下邨　　图2-14　牛头角下邨更新
　　　　　　　　　　　　　　　更新前：板式围合布局　　后：点式布局预留风廊

图片来源："Lower Ngau Tau Kok Phase 1 and Phase 2," *Air Ventilation Assessment—— Expert Evaluation*

新加坡的气候舒适设计

新加坡气候湿热，但整个城市非常注重气候舒适设计。城市公共空间、广场全面应用气候适宜性手法，降低不透水地表面积，重视遮阳连廊、立体绿化设计，让行人时时感觉阴凉舒适；同时，适宜的城市密度也带来良好的通风效果，使其成为热带地区具有代表性的气候舒适型城市（图2-15）。

图 2-15　新加坡的气候舒适设计

图片来源：詹浩（左），王建军（右）摄

2.7　合理评价城市的密度与强度

我国幅员辽阔，地理区位、城市规模尺度、用地功能、城市文化习俗、空间秩序等因素千差万别，无法以一个统一的标准来评价城市密度与强度。南方城市与北方城市、山地城市与平原城市、东部经济发达城市与西部发展中城市、人口不断增长的城市与人口衰减的城市、大城市与中小城市，在如此巨大的差异中需要以系统综合的思维来把握城镇高质量发展与建设。

2.7.1　深度认识城市密度与强度

一个城市容纳多少人口是由资源环境承载力决定的，实际人口增长或衰退是由城市经济等因素决定的，常住人口在城市中如何分布是由住房、公共服务等决定的。住房与公共服务供给不均衡造成人口分布的不均衡，人口过度集聚的中心区往往成为各种"城市病"的集中爆发地。

1　武睿娟：《紧凑型城市空间发展模式研究》，硕士学位论文，华中科技大学，2006，第 52 页。

在我国城市发展过程中，一些城市土地的开发强度越来越高，然而城市总体开发容量是有限度的，需要以保证城市的生态环境和广大市民适宜生活的空间环境质量为前提。[1] 因此，应合理确定城市开发总量并形成适宜的密度与强度空间分布。

一个城市（地区）的建设总量是由市场需求和基础设施供给能力决定的，地上建筑要与地下基础设施相协调，开发强度要与道路网密度、交通设施相协调，建筑密度要与绿地率相协调，建筑内部空间要与城市公共空间相协调，要格外重视街道空间的尺度与界面，符合人的环境心理需求，带给人以舒适愉悦的感受，从而创造"有活力的街道环境"。只有这些因素相互协调与平衡才能形成适宜的密度与强度，才是符合绿色发展要求的。过分做大某一个单一要素，会造成城市内部空间资源配置"偏科"现象，从而使"城市病"的产生成为可能。

2.7.2　城市密度与强度适宜性评价

什么样的城市密度与强度才是最适宜、最合理的，这一问题在众多相关研究中均难以定论，城市经历数百年发展后形成的空间形态必然有其存在的原因。本书认为，城市密度与强度的形成受发展过程中众多因素影响，密度与强度是否适宜要在遵从城市发展一般客观规律的基础上，考虑各种影响因素、指标之间的相互匹配程度。

因此，结合影响城市密度与强度各种因素之间的匹配、平衡关系，本书从宜居、高效、通畅、活力、风貌特色等 5 个方面，提出了城市密度与强度的评价方法和参考指标，这些指标都是大量样本案例经验数值的高度凝练。

指标的选取遵循以下原则：一是科学性与可操作性相结合，指标宜少不宜多；二是定性与定量相结合，指标解释简洁、清晰、合理；三是特色与共性相结合更全面准确地反映密度与强度状况；四是系统性与独立性相结合，既能总体衡量又能单一指标比较；五是与现有国家标准规范相结合，并参考国内外优秀案例。

根据国内先进城市案例，综合分析与权衡，提出各项指标的建议值（表2-11）。这些建议值仅针对一般情况，具体城市和地区的密度与强度应通过深入研究和科学测算后确定。

绿色发展的密度与强度参考指标　　　　　　　表 2-11

因子	分项指标	参考值				指标说明
		城市中心区	综合功能区	城市新区	居住区	
宜居	人口密度（人/平方千米）	6000~20000	3000~10000	5000~10000	300~600人/公顷	反映土地承载人口数量的能力
	建筑密度（%）	30~50	30~50	30~50	20~50	反映一定用地范围内空地率和建筑密集程度
	绿地率（%）	>15	>30	>30	>30	反映城市建成区的绿化建设水平
	人均公园绿地面积（平方米/人）	>5	>9	>9	>9	反映公园绿地的人均占有量
高效	毛容积率	2.5~7	2~5	2~5	1.5~3	反映建设用地的开发效率

续表

因子	分项指标	参考值				指标说明
		城市中心区	综合功能区	城市新区	居住区	
通畅	道路网密度（km/km²）	10~30	10~15	8~10	8~10	反映城市道路供给水平
	轨道/公交站点500m覆盖率（%）	>70	>50	>60	>90	反映地区公共交通设施服务水平
活力	混合用地占比（%）	50	30~50	30~50	–	反映地区活力和功能多样化程度
	街区开放度（km/km²）	>10	>5	>5	>5	反映地区活力和街道建设水平
风貌/特色	标志性建筑数量（个）	>1	–	>1	–	反映地区风貌特色

资料来源：唐勇 绘制

注：

1. 综合功能区指一般的城区，商业居住文化休闲相对混合的地区。

2. 人均公园绿地面积按照公园绿地面积（m²）/总人数（人）计算。

3. 轨道/公交站点500m覆盖率按照公交站点500m半径覆盖面积（km²）/地区面积（km²）计算。

4. 混合用地占比按照地区含3种以上功能的地块数量（个）/地区总地块数（个）计算。

5. 街区开放度按照地区开放临街面长度（km）/地区面积（km²）计算。

6. 标志性建筑一般指在风貌或高度上区别于周边并代表城市意象的公共建筑，数量（个）按照地区内标志性建筑数量（个）计算。

小结

城市密度与强度受多方面因素影响，本章重点从 5 个方面进行综合梳理，以体现这些要素影响的综合性、协调性。

第一，城市宏观布局要与自然山水相协调。与山水相容相依的营城传统与中国传统"天人合一"的空间哲学是高度契合的，城市的自然禀赋不同，密度与强度的特征也各有千秋，这是两者相互平衡的必然结果。

第二，不同等级商业中心是构建城市结构性空间的关键，住区则是城市建设用地中占比较大的一类用地，这两者是城市密度与强度特征最为明显的区域。高等级商业中心区一般呈现出高强度集聚开发特征，住区空间则因地制宜呈现出多样化的密度与强度。

第三，适宜的密度与强度是与绿色交通体系相适应的，通过在公共交通走廊及其站点采用高强度开发模式，不但集约、节约用地，同时也减少市民对小汽车交通的依赖。推广"窄道路、密路网"，有利于加强城市微循环，提升公交深入度和慢行通达性，从而促进城市紧凑布局，支撑高密度高强度开发。

第四，建构有凝聚力的公共服务中心使之与人口布局相协调。在高密度高强度城市地区，鼓励独立占地的公共中心建设，可以创造一个具有凝聚力的开敞空间，形成与高密度高强度建筑环境的平衡。

第五，不同密度与强度地区对于改善微气候环境也各有侧重，高密度地区通风是关键，中低密度地区要重视遮阳，减少夏季热辐射。

03

以适宜的密度与强度营造舒适宜人空间

● 我们应该如何营造适宜的密度与强度来支撑城市绿色发展？在既定的高密度高强度下，又有什么方法来提升地区宜居性、空间品质和街区活力？让旧城、新城与青山、绿水和谐共存，让居民"望得见山、看得见水、记得住乡愁"。

● 本章从绿色城市格局、土地利用、交通模式、建筑形态、精细化品质化建设、智慧城市等 6 方面，提出以适宜的密度与强度营造宜人的城市空间的策略。

3.1 划定生态红线和开发边界促成绿色城市格局

　　划定与管理好城市生态底线与开发的极限是管控好城市宏观密度与强度的前提。顺应城市资源环境承载力，在尊重与保护自然山水格局的基础上，合理规划城市的发展模式与增长空间，确定总体的国土开发强度，预留城市内部开敞空间，框定城市空间格局，为促进绿色、紧凑、宜居的城市建设奠定基础。

3.1.1 框定城市生态底线，保护自然生态环境

　　保护自然山水大格局，明确城市发展的适宜容量。城市绿色发展的首要前提是在保护自然山水与资源的基础上，确定城市发展的容量与格局。一方面强化自然资源的保护，科学开展资源环境承载力与国土空间适宜性评价，明确资源环境对开发建设的约束，明确城市发展的人口容量与适宜建设的空间（空间容量）。另一方面在科学评价适宜性基础上，锚定自然山水资源，塑造城市山水格局与特色风貌，保护好城市自然生态与农业空间，框定国土开发强度，明确城市发展的规模极限。

　　强化山水空间的保护，引导适宜的组团式发展。以自然山水空间为基底，构建并加强城市绿带、绿楔的管控，促进生态隔离、组团发展的城市结构，可非常有效地避免城市的无序蔓延，引导紧凑集约高效的空间发展模式形成。

　　生态保护红线是城市中具有重要生态功能、生态敏感性高、需要严格保护的区域。根据中共中央办公厅、国务院办公厅《关于划定并严守生态保护红线的若干意见》，生态保护红线应包括："具有重要水源涵养、生物多样性维护、水土保持等功能的生态功能重要区域，以

及水土流失、土地沙化、石漠化、盐渍化等生态环境敏感脆弱区域等。"[1] 当前，无论是落实国家要求，还是从城市自身发展需求出发，均要将生态保护红线作为城镇发展的最基本底线进行严控，严禁不符合主体功能定位的各类开发活动，保障城市基本生态安全。

1 中共中央办公厅、国务院办公厅：《关于划定并严守生态保护红线的若干意见》，2017. http://www.gov.cn/zhengce/2017-02/07/content_5166291.htm。

3.1.2　合理划定与管理城镇开发边界，促进城市紧凑集约开发

城镇开发边界是可以进行城镇开发和集中建设的区域边界。开发边界内以城镇建设为主，开发边界外以生态及农业空间保护与发展为主。划定开发边界可有效管控城市扩张，引导城市有序发展，保护自然生态资源、农田耕地和有特色的美丽乡村。

城镇开发边界划定要兼顾保护与发展的双重需求。首先应注重自然格局、资源要素与特色风貌的保护，在守住自然和人文基本底线的前提下开展；然后，要把握好城市建设的底盘，合理预判城市发展脉络与方向，强化落实空间战略引导，从促进城市有序发展的角度，预留弹性空间，在适宜建设的空间内划定开发边界。

城镇开发边界内应紧凑集约，城镇开发边界外应疏朗开敞。利用好开发边界这一政策工具，构建疏密有致的城市格局（图 3-1）。开发

图 3-1　开发边界内外城市形态

63

边界内强化城镇建设集中布局，引导建设用地向开发边界内集中，开发边界外则是生态与农业农村发展地区，做好开发建设强度的严格控制，通过制定针对性的保护利用政策来促进美丽乡村、生态田园发展，形成疏朗开敞的空间格局。

各地城镇开发边界划定实践

近10年是我国城镇开发边界的集中探索期，城镇开发边界的研究伴随城乡建设高潮、规划立法管制和中央政策调控而产生。2013年中央城镇化工作会议提出城市开发边界；2014年住房和城乡建设部、原国土资源部共同选择14个试点城市，探索城市开发边界划定工作；2017年，党的十九大提出"完成生态保护红线、永久基本农田、城镇开发边界三条控制线划定工作"。全国各地城市落实国家要求，开始划定城镇开发边界，通过开发边界的划定与管理引导未来城市的紧凑集约发展。

北京：2035年城市总体规划中明确了集中建设区范围为城镇开发边界，要求城市各类建设项目都应在集中建设区内进行布局建设，集中建设区外为限制建设区和生态控制区，实施集体建设用地腾退、减量，并注重绿化建设。

上海：上海在2035年城市总体规划中划定了城市开发边界，要求城市开发边界内建设用地在全市规划建设用地总规模中的比重达到80%以上，同时提出城市开发边界外减量化腾挪的建设用地指标用于保障城市开发边界内新增建设用地的需求，规划开发边界外建设用地从868km²减少到600km²。

广州：广州在2035年国土空间规划（送审稿）中以资源环境承载力与国土空间适宜性评价为基础，明确国土空间开发面积的目标不超过全市域1/3，在此基础上兼顾生态格局保护要求及社会经济发展特点与规律，划定了全市城镇开发边界，要求边界内应集中超85%的规划建设用地，促进城镇紧凑布局、集约发展，避免无序蔓延。

厦门：在美丽厦门战略规划中，基于"先底后图"的理念，通过保育十大山海通廊、划定800km²的生态保护区、控制237km的海岸线等，以此为底线统筹划定城镇开发边界。

杭州：开发边界是杭州集中建设区的范围边界，边界外包括限建区和禁建区。开发边界外仍有少量建设用地，其中村庄占85%以上。针对开发边界外现状建设用地的属性（村庄或非村庄）、位置（禁建区、限建区）和合法性（是否取得相关的行政许可）等实际情况，杭州分别提出整治要求，最终形成限建区保留部分建设用地、禁建区逐步拆除的状态。

3.1.3　有效管控城市蓝绿线，营造绿色宜居空间

在城镇建设地区应通过城市综合公园—社区公园—游园（街心公园、口袋公园）等不同规模、不同服务半径的公园与开敞空间建设，服务居民日常休闲游憩和节假日游憩，将自然空间全面融入城市生活，从物质空间层面和心理体验层面有效疏解城市密度与强度。

通过加强城市水系保护，保障水岸预留宽度，串联城市绿色开敞空间，构建如道路网般连通的蓝脉绿网，为居民就近提供休闲活动、体育运动的场所，同时也形成改善地区微气候的通风廊道，优化城市宜居环境。

城市内部生态空间在开发建设过程中容易被侵占，有必要通过永久性的绿线与蓝线将宝贵的自然空间永久锚固，通过立法的形式，长远保障城市自然山水记忆的留存。《雄安新区规划纲要》中明确提出，雄安新区蓝绿空间占比稳定在 70% 以上，保护"华北明珠"白洋淀，严格控制建设用地规模，在生态宜居、绿色发展方面先行一步，发挥引领与带动作用。

3.2　实施差异化土地利用引导价值最优化的空间

要实现城市价值空间的最优化，离不开对土地的合理利用。以土地供给引导城市发展转型，以精细化设计有效高效利用土地。通过土地的控量提效、精准供给、混合利用和立体开发等差别化利用方式，综合平衡历史文化保护与经济社会发展，双重提升生态环境与生活品质，实现老城区新活力，新城区集约高效。

3.2.1 以"控量提效"为核心，实现城市精明增长

随着城市空间的不断扩张，土地资源约束的瓶颈日益凸显，以增量土地资源带动经济增长的传统城市发展模式越来越难以为继，从外延拓展走向内涵提升、从增量走向存量、从粗放走向精细的城市新发展模式是必然趋势。为此应加强总量控制，并在新增建设用地增量逐步减少的基础上，广泛采用建设用地增减挂钩、增存挂钩，用地计划安排与节约集约水平挂钩等政策，通过土地供需双向调节、存量与增量供地比例调整和提高土地保有成本等措施，促进存量用地盘活。建立土地全生命周期管理机制，将项目建设、功能实现、运营管理、节能环保等经济、社会、环境等要素纳入土地出让合同管理，实现土地利用管理系统化、精细化、动态化。

以精细化设计有效高效利用土地。建立从规划—设计—审批—施工—维护的全流程精细化设计的组织方法，保障设计理念从规划、土地出让贯彻到建筑设计等各个环节，保证城市品质。以广州市琶洲互联网创新集聚区为例（图 3-2），项目总占地面积 37hm²，规划 50 个地块。根据"成熟一块、出让一块"的原则，已公开出让了 18 宗地块，净用地合计不足 14hm²，分别由腾讯、阿里、复星、国美、小米等企业拍得，项目总投资规模超 470 亿元，已成为互联网领军企业总部云集的琶洲新型中央商务区核心区。项目通过加大市政基础设施和公共服务设施密度，将地铁人流高效引导至各项目地块，提升地区可达性和承载力。通过特色空间营造和紧凑型街区设计，打造水城交融的公共开敞空间，实现了高端要素的集聚，最大化集约节约用地和利用珠江景观资源。

3.2.2 分类差异化土地供给，引导城市发展转型

在生态文明新时代，要提升城市价值，应树立高质量发展和绿色发展理念，按照城市规模、功能分区、交通条件和人口密度等制

图 3-2　琶洲互联网创新集聚区

图片来源：广州市规划和自然资源局（原广州市国土和规划委员会）：《琶洲互联网创新集聚区城市设计》，2017

定合理的土地分区和差异化的土地供给管理策略。建立分区差别化的土地供应体系，实现精准供地。城市建设用地的一半左右用于教育、医疗、文化、体育等公共服务设施和交通、绿地、市政等基础设施，这是塑造城市生活环境的基本需要。此外用地主要用于住宅和工业开发，少量进行商业建设，这是保持城市可持续发展的合理供地模式。

创新居住用地出让方式。在市场化配置充分竞价的基础上，采取灵活多样的土地出让竞价组合，加大只租不售商品房和轨道交通沿线租赁房用地供应，[1] 探索居住区低层多层高密度开发，鼓励打造开放式街区。雄安规划中提出原则上不建高楼大厦，不再建 100m 以上高层住宅，代替的是中高层 18 层以下住宅、花园住宅和联排住宅。

灵活供应产业用地，促进产业转型升级。实行"租让结合、弹性出让、到期续期"的灵活供地模式，建立具有产业导向的差别化地价体系。严格控制新增大型商业综合体开发，商业物业 $1m^2$ 商铺大约匹配 2 万元零售额，写字楼大体按每平方米产生 4 万元 GDP 来规划供

1　上海市人民政府：《本市全面推进土地资源高质量利用的若干意见》，2018. http://www.shanghai.gov.cn/nw2/nw2314/nw2319/nw12344/u26aw57551.html。上海市规划国土资源局：《关于加强本市经营性用地出让管理的若干规定》，2017. http://www.shanghai.gov.cn/nw2/nw2314/nw2319/nw12344/u26aw52124.html?date=2017-04-21。

应总量。依据城市产业功能布局，积极推动传统工业园区升级改造，提高产业用地开发强度。逐步腾退和改造零散低效工业用地，促进城镇开发边界内存量工业用地"二次开发"和开发边界外低效工业用地减量。

3.2.3　注重历史传承与环境品质，老城区焕发新活力

挖掘地方文化特色，老城区焕发新活力。在保护老城区格局的基础上，尊重老城区的历史演化逻辑，不急功近利、不大拆大建，盘活存量土地，注重环境改善。可通过资源整合、业态创新、功能置换、载体优化、开发权转移（容积率转移）等多种"绣花功夫"，实现老城区新活力（表3-1）。广州市通过容积率转移的方式，将北京路历史文化街区一个建设项目减少约1.8万平方米建设量，减少的建设面积按等值原则，转移为该公司天河区某住宅项目的建筑面积，使北京路的建设项目的建筑高度降低了38m，确保了老城区的环境品质。把老城区无法实现的开发量等价值转移，既能够有效避免老城区的大拆大建，政府也能从中实现经济价值的综合平衡。[1]

1　刘怀宇：《"一线江景"不再建超高建筑》，《南方日报》2017年11月15日。

老城区新活力的示范案例　　　　表 3-1

城市	案例	更新时间	主要模式特点	主要成效
福州	三坊七巷	2008年成立保护开发公司	经历了规划修缮工程设计试点、文物修缮和街区环境提升、功能和文化复兴等3大阶段；不断导入商业、融合文化产业，文艺场馆遍布坊巷间，共同组成了历史文化标志聚落	三坊七巷是全国为数不多的古建筑遗存之一，有"中国城市里坊制度活化石"和"中国明清建筑博物馆"的美称

续表

城市	案例	更新时间	主要模式特点	主要成效
成都	宽窄巷子	2003 年启动，2008 年建成开放	整体空间风貌较为完整，延续了清代川西民居风格，街道延续了"鱼脊骨"形的道路格局；民居内具有川西风格的庭院形态，建筑构件从细节上再现了老成都的生活韵味	以旅游休闲为主，具有浓郁巴蜀文化氛围和鲜明成都特色的文化商业街，形成了"老成都底片，新都市客厅"的城市品牌
广州	永庆坊	2016 年启动，2016 年建成开放	采取原地升级做法，遵循"修旧如旧，建新如故，肌理抽疏，资源活化"等原则，在保护的基础上以"绣花功夫"推动老城区微改造	已从一片破败的居民老旧小区华丽转身为文、商、旅融合发展的现代高品质社区，成为广州探索传统文化商旅活化提升的活标本

低效土地提质增效，全面提升老城环境品质。针对老城区传统产业高密度、建筑高密度、人口高密度等问题，逐步疏散搬迁对老城区城市设施和环境造成较大压力的传统低端产业，充分利用城市边角地、畸零地、闲置空间及疏解腾退的空间引进新产业、新业态，改低端空间为价值空间，优先发展文化、体育功能，凸显社会人文关怀。如杭州市、宁波市等地鼓励社区公共体育设施进公园、到岸边，结合旧城改造，合理利用临时闲置的场地、旧厂房、老建筑和街巷空间，改造增加符合周边市民需求的各类体育设施。广州市越秀区新河浦老旧社区微改造中，从人的尺度出发，做微设计、微环境、微交通，通过设计改造传统封闭城市空间，补充完善公共服务、公共交通和市政设施，营造现代城市空间，全面提升了城市宜居性和环境品质。

3.2.4　深化混合利用与立体开发，提升城市建设综合价值

推进土地混合利用，彰显城市多元包容。探索在用地标准、规划设计等方面的管理和政策创新，完善混合用地策略，探索不同类型市政基础设施和公共服务设施的投资开发建设机制，实行公益性和经营性设施混合的土地供应制度，实现工业、商业、办公用地和公共设施的高强度复合利用。深圳市通过地方性的城市规划标准与准则优化，调整了用地分类标准，鼓励混合使用，规范开发控制，促进土地的精细化与规范化管理（表 3-2 ）。

常用土地用途混合使用指引　　　　表 3-2

利用深度		鼓励混合使用的用地类别	可混合使用的用地类别
大类	中类		
居住用地（R）	二类居住用地（R2）	C1	M1、W1
	三类居住用地（R3）	C1	GIC2、R2
商业服务业用地（C）	商业用地（C1）		C1
公共管理与服务设施用地（GIC）	文体设施用地（GIC2）		C1、R3
工业用地（M）	普通工业用地（M1）	W1	C1、R3
物流仓储用地（W）	轨道交通用地（S3）	C1、R2	GIC2、R3
交通设施用地（S）	交通站场用地（S4）	C1	GIC2、R3
公用设施用地（U）	供应设施用地（U1）		G1、GIC2、S4
	环境卫生设施用地（U5）		G1、GIC2、S4

资料来源：深圳市规划和国土资源委员会：《深圳市城市规划标准与准则》，2018. http://www.sz.gov.cn/cn/xxgk/zfxxgj/tzgg/201901/P020190104390528212034.pdf

加强土地立体式开发，实现紧凑城市。综合开发利用地下空间，探索地下地上一体化开发。因地制宜地推广深圳、广州、上海等地的"轨道交通＋土地综合利用"模式，实现土地价值最大化。一方面在

轨道交通停车场（站）建设上盖大平台，在其上进行以住宅为主的多层空间集约化开发；另一方面利用轨道交通的有利条件，对车站周边土地进行以商业为主的综合开发，从而实现轨道客流与商业发展无缝接驳。以重点功能区、公共活动中心、轨道交通枢纽站点周边等区域为重点，推进地下空间综合开发利用。划定地下空间重点发展片区，有序引导地下空间开发，细化竖向利用分层，优先安排地下市政基础设施、公共交通设施、人防及应急防灾设施。

3.3 组织高效交通形成可达性与宜居性平衡的空间

实现交通与城市密度、强度的良性平衡是城市走向宜居与绿色发展的重要保障。具体而言，就是要合理配置城市和交通资源，提升慢行交通和大中运量公共交通等交通方式的可达性，改善城市的宜居性，进而引导人们形成绿色、健康的出行习惯。

3.3.1 合理布局城市功能和密度，提升慢行可达性和环境品质

通过混合功能布局缩短出行距离。在较小的范围内，为提升地区职住比，方便居民通过步行和自行车交通解决日常出行，应布置混合、多样、互补的城市功能，满足各类社会活动的需要。一方面，混合功能使街道时刻保持活跃安全，能创造充满生气的宜居环境；另一方面，通过布置多样化的住区，避免不同收入水平的居民产生居住隔离，缩短低收入居民通勤出行距离，使城市交通流向趋于均衡，提高运行效率。

优化设施密度，改善慢行环境品质。慢行交通对出行环境的敏感性远高于机动交通，应通过安全、便利、舒适、开放的步行网络连接所有建筑和目的地，形成有吸引力的步行环境。对于自行车，还需要有相对良好的路况和方便停放的设施。通过加强街区间的慢行联系，串联街道、公园、广场等公共开敞空间，优化各类设施布局，并从以人为本的角度塑造品质街道空间，提升步行和自行车等慢行交通方式的出行体验，营造宜人的人居环境。

3.3.2　构建站城一体的高强度城市枢纽，实现紧凑发展

把车站变成城市、把城市变成车站，使车站地区成为一个目的地。站城一体的高强度城市枢纽能最大程度解决城市和交通的资源冲突，有利于提升机动化交通出行效率，引领城市紧凑发展。通过高度集聚办公、商业、住宅、文化、娱乐、公共服务等多样化的业态和城市功能，满足市民的出行、生活、工作、娱乐、养老等各种服务需求，在空间上形成大型城市开发综合体，把车站从单纯满足交通功能的交通设施，变成一个目的地，从而创造出城市新的增长空间和生活形态。

以日本东京涩谷站为例，周边总建筑面积 40 万平方米，引入剧院（2000 席）、文创空间和展示大厅等功能，吸引音乐、时尚、影像业等创造性产业的进驻，形成了特有的文化及产业特征；日本规模最大的城市再开发项目东京中城，总建筑面积 56 万平方米，以办公、住宅、商业为主，还配套了美术馆（4700m²）和公园（3hm²），在城市的黄金地段开辟出宽敞的生态空间和公共空间。

充分利用立体空间，增加人的活动空间，实现车站地区"万屋相连"。在交通车站或类似地区，应围绕步行进行充分的立体空间路径化设计，创造多层次、多路径、多形式的立体步行空间，将步行通道单纯的交通连通功能向组织站点地区经济活动功能转变，将空中连廊、地下通道变成实实在在的空中街道、地下街道，融合交通、商

业、办公等多种功能，把无数的小空间、小区块通过连接整合成为一个整体（图3-3）。

图 3-3　东京涩谷站周边综合开发示意图

图片来源：黎志涛 摄

　　日本东京多摩广场站（图3-4），由购物中心、活动中心、儿童乐园、养老住宅等功能构成，综合体跨越四个街区，各功能通过二层步行连廊无缝衔接。车站综合体成为周边居民工作通勤和日常生活的中心。

图 3-4　日本东京多摩广场立体步行连廊系统示意图

图片来源：黎志涛 绘

创造高品质的多首层空间，把交通设施融入建筑中，让人只见城市不见车站。以场所营造手法，将交通、空间、建筑进行一体化设计，能够实现室内室外一体化、交通建筑一体化、地上地下一体化，打造出"只见城市、不见车站"的城市新场所。结合立体步行系统及业态空间布局，把纯粹的交通空间转变为高品质的多首层空间，实现机动车与行人、车站交通与生活交通的有效分离，使得车站能快速疏解人流而看不到拥挤不堪的场面。

例如，日本大阪站改造建设的大阪城综合体（图3-5），通过"创意之路"二层连廊、梅北广场（地上、地下）、时空广场、露天花园等，将大阪站和南北塔楼有机衔接，从小地盘变成大地盘（一期已建面积 7hm^2，二期待建面积 17hm^2），实现"建车站即建城市"。

围绕公交枢纽和干线公交走廊紧凑布局较高密度的社区。公交枢纽和干线公交走廊是城市中人流最为集聚的地区之一，在其周边和沿线进行高密度高强度开发，使交通出行的到发点进一步聚集到交通设施周围，将更好地支撑公共交通服务向更高质量发展，保证站点区域商业活跃、充满生气和吸引力。对于大城市而言，公交枢纽以铁路或城市轨道枢纽站为主；而对于中小城市，以城市客运站或快速公交枢纽站为主。

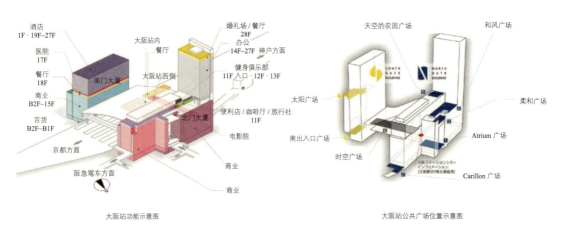

图 3-5　大阪站枢纽综合体示意图

图片来源：翟东辰：《"共生城市"视角下轨道交通综合体公共空间设计初探——以日本大阪站为例》，《建筑与文化》2018 年第 9 期

3.3.3 建设"公交都市"，促进高质量公交服务均等化

公共交通服务的均等化水平决定了城市公共服务在交通出行领域的均等化水平。公共交通服务和设施的配给应作为政府一项重要的公共政策，用于促进交通和城市密度与强度的良性平衡，反之则会产生不同程度的"城市病"。

建设"公交都市"，提升公共交通服务均等化水平，支撑城市适宜的密度与强度，关键在于规划建设覆盖全城的高品质公交服务体系。以韩国首尔的公共交通改革为例，首尔市对所有公共交通线路重新进行了规划设计和编码，形成了层级清晰、换乘便捷的公共交通服务系统，市民仅根据公共交通车辆的颜色和号码，就可以快速识别该线路的走向。首尔的公共汽（电）车分为 4 类：①蓝车干线是行驶在主干道、公交专用道上的市区跨区域线路，连接首尔市内各区域中心。②绿车支线向干线和地铁站运送乘客。③红车市郊快线，连接首尔市与各卫星城。④黄车市内环线，在市区内环线运行。

此外，在人口高度密集的特大型城市地区，仅依靠发展轨道交通不足以实现高质量公共交通服务的均等化，高品质的地面公交同样重要。例如，日本东京城市群的人口总量约有 3000 万人，九成左右的通勤交通由轨道交通承担，为地面城市交通留下了空间。[1] 同时，日本的地面公交同样极为准时，公交站牌一般会明确标明公交车辆到站时间，精确到分钟，并会严格遵守。[2]

面向公交出行需求走廊，依托重要交通干道，构建快速公共交通走廊，能够实现区段内公共交通系统的专有路权，使得不同公共交通线路在快速公共交通廊道实现便捷、灵活的换乘，从而将快速公共交通走廊打造成为公共交通网络中的快速通道；集约用地能够发挥出公共交通廊道极高的交通效率，从而促进城市交通高效、集约地运行。

1 邵春福：《北京轨道交通建设比日本东京相差百年》. http://finance.china.com.cn/news/20141024/2748771.shtml, 访问日期：2014 年 10 月 24 日.

2 马俊：《日本公交车进站精确到分》，人民网. 2011 年 9 月 22 日，http://travel.people.com.cn/GB/139035/226871/15725085.html.

以广州为例（图3-6），创新实施"快速通道＋灵活线路"的快速公共交通系统模式，将34条公共交通线路引入23km的快速公交走廊，覆盖全市中心区15.6%的750对公交站点，使快速公交走廊成为全市公共交通换乘枢纽通道，实现快速公交与地铁等其他交通方式的便捷换乘，走廊沿线日均公交客运量从52万人次提高至80万人次以上，增幅达50%。

图3-6　广州快速公交建设前后对比

图片来源：陆原等：《广州快速公交实践与探索》，中国建筑工业出版社，2015，第156页

3.3.4　结合城市密度与强度，合理调控个体机动化出行

实施严格且精细化的停车管理政策。国内外的实践经验证明，停车管理政策不仅仅是停车场管理或是停车收费管理，还是一项非常重要的交通需求管理措施和合理配置公共资源的手段。当前我国城市所面临的"停车难、停车乱"等问题和停车管理困境，主要源于对交通与城市密度、强度平衡关系的认识误区和思维惯性。城市用地功能的复杂性和密度、强度的差异性，必然带来交通需求的多样性，"一刀切"式的停车管理政策或是"按需分配"的被动式停车供给政策都难以化解停车问题。一方面，应从区域交通与密度、强度良性平衡的角度制定总体停车管理策略，例如对高密度地区，应基于交通出行结构目标，严控停车供给，并促进停车供需协调。另一方面，应根据用地功能制定精细化的管控政策，例如在居住区，宜根据汽车保有水平而不是实际出行需求安排车位配给；而在商业或办公区，则应根据区域道路交通容量而不是停车需求严控车位配给。

在机动车出行比例过高的中高密度城区，通过在局部路段设置机动车禁行区或改变交通组织等手段适度控制机动车可达性，同时加强步行、自行车和公共交通的可达性，是改善该区域整体交通效能的有效方式。由于可达性降低，且有便利的替代交通方式，机动车的出行需求将得到约束，相应的停车问题也将得到缓解。为了平衡街区工作日和休息日或日夜间不同的需求，小汽车限行也是临时的灵活措施。

3.4 营造疏密有致的城市形态彰显密度与强度特色

鼓励采用城市设计管控手段，协调城市密度与强度秩序，来彰显城市特色。通过山水蓝绿空间利用、城市天际线塑造、景观视廊控制，以及历史肌理保护等管控方式，营造疏密有致、一城多面的城市形态，引导城市空间精明增长，塑造集人文景观和自然风光于一体的城市特色风貌。

3.4.1 合理利用自然禀赋与蓝绿空间

城市山水空间的分布对城市密度、强度有重要的影响。山、水、林、田、湖、草、海等自然要素锚定了城市的总体格局与发展模式，合理利用自然禀赋与蓝绿空间是塑造适宜密度与强度发展格局的基础。

山：依山就势可塑造丰富多维的城市空间。城市内部山体资源是塑造特色空间格局的重要载体。城市空间发展应依山就势，保护特色山地地形地貌，合理控制山体周边开发强度，彰显和塑造特色城市空间。旧金山是利用山势构建城市空间特色的范例，制定了著名的山型碗型设计导则；地形越高的地方，建筑也应该越高，地形越低洼的地方，建筑也应相应降低，从而让人们能够清晰感受到自然地形的起伏。

江：不同区位与空间尺度的江河资源需要合理利用。城市外围、宽度达到数千米的大型江河，一般是城市发展扩张的约束，城市应避免跨大型河流发展，并将此类地区控制为郊野风貌地带与生态底线地区。数百米到一千米穿城而过的江河一般是城市重要的发展带，沿江河地区往往具有很强的经济活力，区段式地布局较高强度地区，形成一江两岸发展格局。数十米到一百米的河涌，可以设置公园绿地，成为社区重要的活力集聚区。江岸一线的 100~300m 范围地区是城市最重要的景观门户，尽量预留足够的滨水公共绿带，打造错落有致、富有韵律的天际轮廓线，体现低密度、开敞性与公共性。

湖与园：城市内部蓝绿空间的合理利用。城市内湖公园是城市重要的景观游憩目的地，更是城市内部调蓄、保障水安全的大型海绵体。我国传统的城市内湖是各地自然山水风貌的符号和城市地标，如杭州西湖、扬州瘦西湖等。旧城内湖周边一般以低密度低强度开发为原则，保障内湖与城市水系网络的贯通连续，一方面使城市风貌与山水意境相协调，另一方面有益于构筑更健康与可持续的水生态系统。部分新城开发地区会依托水系资源打造湖泊公园，形成新城地区公共开敞空间的核心，通过优质的生态景观资源提升地块价值，周边进行高附加值的产业发展，开发强度可相对较高，如苏州金鸡湖高新区。但即便是此类地区，紧邻城市湖泊、公园 30~50m 范围的第一层开发空间，特别应强调开敞性、公共性，并控制建筑高度，以更好地发挥城市内部自然空间的综合生态效益。

3.4.2　塑造格局清晰、张弛有度的城市天际线

管控沿山地区天际线，勾勒城市特色形象。重点管控沿山地区建筑群体，预留绿廊、视廊、风廊等廊道，实现重要景观公众感知的可控性。

对于重要山体，以山脊线设置视觉控制的基准高度，香港早在《都会计划（1991年）》就设立了"20％至30％山景不受建筑物遮挡地带"的标准，作为香港城市发展高度轮廓控制的重要依据之一；原则上禁止建构筑物、植物突破该视廊高度控制面；个别可根据实际情况灵活放宽，容许在某些适当地点出现地标建筑物以突出山脊线，塑造前、中、远多层次的建筑界面，形成起伏有致的波浪式天际线，避免产生"墙壁效应"（图3-7）。

重点塑造滨水地区天际线，体现低密度、开敞性与公共性。例如广州市滨江形成"前低后高"的滨水建筑高度控制，并重点管控临江一线建筑高度在60m以下，高层建筑以点式组合为主，避免连续板式组合，塑造有韵律感的天际线，临江一线街区应为公共活动退让公共开放空间。

3.4.3　构建山水相望、通透舒朗的城市景观视线通廊

建立覆盖全城的整体建筑高度秩序，保护眺望景观。世界各大城市通过眺望控制法，来保护代表城市特色的景观视线通廊，尤其是英国、法国、美国等城市通过严谨的技术手段，形成全域性的高度管控，并纳入法定规划。巴黎自1970年起开始研究制定用于眺望景观保护的纺锤形控制区。截至1999年，巴黎市内已经划定了覆盖全城的45处景观保护点的纺锤形控制区，形成全景、远景、框景3大类视廊，保护了城市特色，同时也形成了疏密有序的城市高度形态（图3-8）。

保护线状的景观视廊，凸显城市特色地标。筛选最具城市特色的重要景观眺望点及地标对象进行分析，通过评估，最终确定具有较大代表性的战略性景观视廊，提出一般性管控导引，对视廊周边区域的建筑高度弹性控制。例如广州重点管控传统轴线视廊（越秀山—海珠广场）、新城市轴线视廊（海珠湖—珠江新城）、白云山—珠江新城、火炉山—国际金融城（预控）4条市级景观视廊，以地标的顶部整体形象可视为原则，对视廊区进行视线高度分区，结合GIS空间量化分析，要求地标建筑群的50%以上可见，确保公众视线不受建筑遮挡（图3-9）。

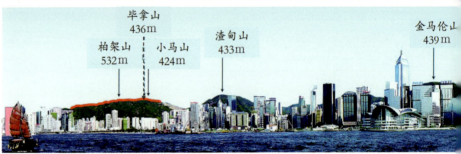

图 3-7　从尖沙咀文化场馆远眺的维多利亚港海岸全景（现状及规划）

图片来源：香港规划署：《香港城市设计指引》，2003

图 3-8　巴黎视廊及高度管控

图片来源：刘健：《巴黎精细化城市规划管理下的城市风貌传承》，《国际城市规划》2017 年第 2 期

图 3-9　广州市重要视线通廊

图片来源：杨晓磊 摄

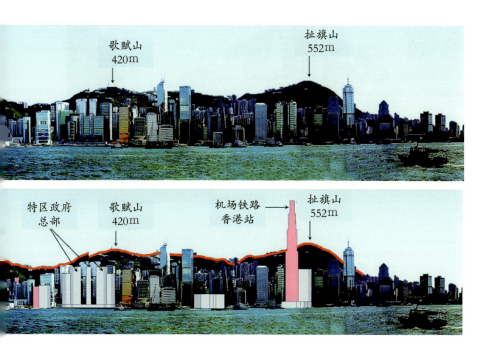

3.4.4 加强历史文化地区高度控制，保护整体传统风貌

平缓有序的高度控制，保护历史文化地区城市风貌。通过对历史街区集中地区及其环境的空间格局、建筑风格进行整体和综合控制，保护老城区的城市肌理。京都市新景观政策总图配置6个等级的高度限制，在市区内，大幅下调开发强度（容积率）和建筑高度规划指标，疏解与历史文化名城不符的产业，改善街道的绿化环境和基础设施条件，保护历史氛围和整体环境（图3-10）。新的建设要注重历史与现代空间的过渡，延续历史文化地区平缓高度，保护历史文化整体风貌。

3.5 推行精细化品质化建设提升人的空间感受

聚焦"品质"，把提高市民获得感和幸福感作为根本出发点和落

81

图 3-10　京都市高度控制规划图

图片来源：京都市都市计划局：《京都景观导则——建筑物高度篇》，2014

脚点，从老百姓最关注的公共空间出发，避免大兴土木、粗放式的面子工程，对道路交叉口、口袋公园、城市灰空间等局部地段更新织补，形成环境宜人、富有内涵的高品质城市共享场所。

3.5.1　重视城市街区和道路品质化提升

精细化地块尺度划分，把滚滚洪流化作涓涓细流。高密度城市建设环境中，由于道路没有很好地精细化划分处理，导致马路越来越拥堵。针对商业商务办公、居住、轨道站点周边等不同功能的街区类型，分类引导地块细分（表 3-3），将人流分散至车流量少且宽度较小的互相平行的支路网上，从而实现人车分流，营造更为安全舒适的街道环境。同时，积极推广"小转弯半径"的人性化街道设计理念，把"车"的交叉口改造为"人"的交叉口。

以人为核心，推动公共空间的综合环境升级。从市民使用最多的公共空间——"街道"入手，提升交通附属设施及无障碍设施的建设标准，着眼微交通改造，以人为核心进行整体环境升级。街道空间作为重要的市民公共空间进行功能和品质提升，实现"道路—街道—街区"理念转变。

不同功能的活力街区尺度划分　　表 3-3

地区类型		路口间距（m）	街区面积（m²）	模式图示意
商业商务办公区		75~100	6000~8000	
居住街区	一般居住街区	150~200	25000~35000	
	开发强度较高、混合程度较高的商住街区	100~150	10000~20000	
轨道站点周边街区	小街区：参照商业商务办公区	75~100	6000~8000	
	大街区＋密步行网：参照居住街区	150~200	25000~35000	

资料来源：刁海晖 绘制

广州街道空间微改造实践中，开展了环市东友谊广场交叉口、沿江西路等道路交叉口改造（图 3-11、图 3-12），不搞"大拆大建"，以微改造为主，通过"微设计、微改造、微提升"，"细致入微"地用心改造，让市民感受"无微不至"的舒适，打造高品质的城市空间，促进实现"干净、整洁、平安、有序"的城市环境。

以人为本，将无障碍理念全方位融入街道设计。在轨道出入口、商场办公楼等公共建筑的出入口，设置小巧、便捷的无障碍通道，供腿脚不便人士使用。步行通行区应保持连贯、平整，避免不必要的高差。如有高差，应设置斜坡等无障碍设施。步行道设有安全、连续的盲道，保障盲人无障碍出行。

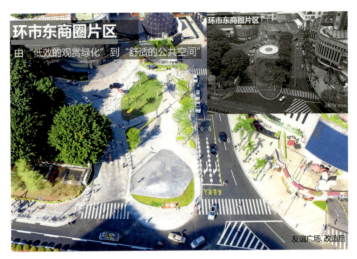

图 3-11　广州环市东友谊广场交叉口改造实景照片

图片来源：邓涵 摄

改造前　　　　　　　　　　　　　　　改造后

图 3-12　广州沿江西路小转弯半径改造实景图

图片来源：刘为 摄

3.5.2　打造立体化、多首层的步行连廊系统

　　密集建设区打造"万屋相连"的步行系统，建设步行友好环境。在高强度高密度开发区域，如城市公共中心、枢纽站点、现代中央商务区等片区，可通过空中连廊、地下通道，创造多功能的休闲娱乐及社区活动空间，实现与各个邻里中心、商业街、公共节点的"万屋相连"（图 3-13）。将建筑内部的交通系统与城市街道、地铁、停车场、市内交通等设施有机联系，实现市民步行和换乘愉悦、良好的一体化出行。

通过多首层设计，在不同的标高空间创造大量高品质的公共空间。利用地上、地下空间，打造与建筑融为一体的立体化步行网络，创造新的城市街道空间（图 3-14）。有机规划地下层、地面层、天桥层，打破传统街道单一层面的概念，实现建筑内部的交通系统与城市街道、地铁、停车场、市内交通等设施有机联系。

图 3-13　东京八重洲站东站房二层步行通道　　图 3-14　大阪枢纽一期综合开发区空中
　　　　　　　　　　　　　　　　　　　　　　　　　　连廊

图片来源：姚斌 摄

3.5.3　灵活布局精致友好的口袋公园

见缝插针地布局口袋公园，提升城市活力。从使用者的需求出发，将位于街道红线以外、相对独立成片的小块用地建成口袋公园，方便游人进入，并能够开展简单的社会交往活动。充分利用城市边角地、闲置地块等小区域"见缝插绿"建设口袋公园，塑造兼具休闲活动、文化传承、景观观赏的公共空间，进一步提升市民的获得感与幸福感。

高效率的空间利用与人性尺度。口袋公园的尺度相对比较小，一般面积为 $30\sim500m^2$ 不等，体现"小而精"的特色。着重优化市民通行体验，重新布局出入口、园路，拓展人行及活动空间，梳理绿化植被，按需配置休憩座椅等便民服务设施，提高公园使用率，打造家门口的绿色休闲空间。

配置舒适宜人的地域植物与景观。根据区域生态环境特色，增加本土植被，增加不同季节开花的观花植物，致力于打造"小而精"的特色花园。在进行口袋公园设计时，可适当引入水景的功能，创造出虚实相映、动静相称、层次丰富的独特景观。同时鼓励公共艺术设计，强化口袋公园的辨识度。

3.5.4　重视城市消极空间的品质化提升

重视消极空间向积极空间的转变，赋予使用功能。重新利用被遗忘的空间，有利于提高城市公共空间的使用效率与改善城市面貌，例如停产多年、荒芜的厂区厂房，废弃的车站、码头，过时的、没有生气的公园，市场的构筑物，等等。如纽约将废弃了近 30 年的铁路货运专线路段重新利用，变身为一座大型的现代化休闲公园——高线公园，营造出兼具设计美感与实用功能的大众公共社交场所，成为纽约地标性景观，被誉为"巴比伦空中花园"纽约版，被评为"2009 年北美十大最积极的城市环境"。

注入公共服务及商业功能。在保证正常城市功能运行的基础上，一些高架桥底的灰色空间可以增加便民的公共服务设施，丰富桥底功能，满足市民的日常生活需要的同时又不占用其他用地。还可以增设一些公共服务功能及小型的商业性建筑，丰富市民生活。

通过公共艺术丰富城市景观。通过对城市灰色空间的艺术激活，以文化身份将其重新定位，展开艺术与环境的生动对话。例如，在桥底铺设艺术图案的花岗石，安放造型长凳供市民休憩使用；夜间，埋地灯和桥上的洗墙灯共同发挥作用，光线沿着墙边渐变，见光不见灯。也可以根据周边环境设置公园主题，打造一个特色主题公园系列。

3.6 引入新技术适应智慧城市的发展趋势

通过智慧化方式缓解密度与强度带来的不利影响，提高公共服务的密度与强度，提升空间使用效率，弥补基础设施短板。构建数字化密度与强度管理平台，通过信息技术和规划决策者的交流互动，为精准优化城市土地利用和建筑形态提供新的技术手段，以适应不同密度与强度地区的发展要求。

3.6.1 智慧化方式提高公共服务的密度与强度

大中城市不同程度面临着中心城区人口集聚（密度过高）、市政交通设施负担过重、环境污染严重等问题，郊区人口分散（密度较低）、市政交通设施成本大、商业商务配套缺失。利用"网证"、个人金融"U Key"[1]、自动或移动终端的"扫脸""刷指纹"等生物特征识别技术，推进高频专项在线办理，实现"让信息多跑路，群众少跑腿"的目标。电、水、煤气、通信等市政设施实现自动抄表，提升便捷宜居性。联合办公、企业孵化器、共享社区、实虚交融的网络交往平台出现，"移动办公"成为新趋势，缓解低密度低强度带来的商业商务配套缺失的问题，保障宜居环境，同时提供更优质就业资源。

1 U Key 是一种通过 USB（通用串行总线接口）直接与计算机相连、具有密码验证功能、可靠高速的小型存储设备。

3.6.2 智慧化网络化基础设施

智慧城市通过各种传感器、物联网实现智能识别，引导城市基础设施的高效运行、资源节约和低碳发展，弥补基础设施短板。

"智慧共享"提高城市交通运行效率和使用效率。广州"如约巴士"依托"互联网＋公交"，具备快速直达、准点发车、一人一座的特点，实现公交出行的"按需定制"，为市民提供高端的公共服务。

杭州市城管委推出"共停"应用 APP，将不同时段闲置的政府机关、企事业单位和居住区较为分散的停车位资源统筹起来，使得车位业主、物业、平台和车主实现共赢。

"城市一卡通"实现公共服务智能化。韩国松岛新城大规模使用网络和高科技等智能控制系统联接，包括智能家居、智能学校、智能社区等。只需一张智能卡，居民能轻松完成购物、出行等日常生活事务。

智慧市政设施提高处理能力，适应高强度发展。韩国松岛新城建筑大楼和办公楼地下埋有压力驱动的垃圾通道，最终垃圾汇聚到松岛垃圾处理中心。智能化系统实现对垃圾进行自动筛选、回收，提高垃圾处理能力，降低高密度人流带来"垃圾围城"的影响，也减少了垃圾收集车辆对日常交通带来的负面影响。北京通州引入"大胃王"（BigBelly）智能垃圾桶，可压缩和储存 5 倍于其体积的垃圾，适宜布局在人流密度较大的地方。

潮汐交通方式增强道路系统对不同空间情景的适应性。广州人民桥等多个路段通过潮汐智能灯控优化路面交通组织，平衡交通资源使用。深圳"遥控移动护栏＋灯控"的潮汐车道电子护栏加入"马路机器人"元素，将深南大道南新路口 80m 的乙形护栏更换为遥控护栏，运用智能控制技术，实现护栏横向移动，提升交通畅通性。

3.6.3　构建数字化密度与强度管理平台

三维可视化的规划管理平台，结合数据资源中心和共享平台，对城市要素空间配置情况进行分析模拟，精准优化和布局城市土地利用和建筑形态，更好地适应城市绿色发展的强度和密度（图 3-15）。

建设区域共同的数据资源中心和共享平台。例如智慧伦敦规划，整合多种类型规划和政府部门数据，提高服务居民生产生活的综合能

总体城市设计对重点地区城市设计的审查　　　　对机动车出入口的审查

图 3-15　三维可视化的城市信息集成平台

图片来源：广州市城市规划勘测设计研究院：《以 BIM + GIS 技术辅助规划设计应用——以鱼珠片区为例》，研究报告，第 85 页

力，以保障城市宜居和高效发展。通过伦敦仪表盘及其他数字工具与市民、专家互动，提高城市开发建设信息共享水平。城市仪表盘项目共有 1200 多个可机读、可获取、可利用的数据集，包括人口、能源消耗、住房等密度与强度相关的城市开放数据，通过与高等院校、科技机构等合作，以"共建共享"方式优化城市土地利用与建筑形态。

三维可视化的城市信息集成平台以地块为基本单元，对地块建设活动的强制性要求和指导性要求进行查询和评价，指导建设项目审查，适应不同密度与强度发展地区的要求。

智慧伦敦规划：建设区域共同数据资源中心和共享平台

智慧伦敦规划认为自由共享的开放数据是保证智慧伦敦规划、建设、管理顺利实现的基础。

（1）判别和优先考虑能够应对伦敦未来增长挑战的大数据收集问题。

（2）协调公共和私有部门，确保统一的数据共享标准。

（3）建立智慧伦敦合作伙伴组织来鼓励大伦敦内部各行政区的地方数据开放共享。

（4）联合欧盟其他城市，建设一个区域共同的数据资源中心和共享平台，提高服务伦敦居民的综合能力。

伦敦数据商店（London Datastore）是全球最大的公共开放数据平台，是创造新的市场需求、鼓励产品开发和提升城市服务的示范工程。数据商店包含近百个政府数据库，完全免费，由大伦敦议会管理。数据平台每个月都能服务超过 30000 个用户，提供超过 450 个应用 APP。鼓励更多掌握信息技术的团体，最大限度地挖掘政府数据的潜力，开发出更好的应用来提高人们的生活品质，实现利益共赢。大伦敦议会不断跟地方合作，开放更多的数据，不断创新商业模式、开发促进城市良性发展的方法和技术。

小结

　　适宜的密度与强度可以通过科学的规划与设计实现，必须在绿色发展理念指导下，处理好地块功能、建筑形态、道路交通以及公共服务配套等要素的关系，形成高效可行的营造策略（表 3-4），由此创造经济高效、生态宜居的城市空间。

　　在宏观层面，必须优化国土开发格局，防止城市无序蔓延。在中微观层面，通过差别化的土地利用实现城市价值最优化，既要让老城区焕发新活力，又要提升新区建设的综合价值。同时，不同的密度与强度对应不同的交通模式，土地利用与交通发展必须保持协调，选择适当的交通模式促进地区融合。

　　城市密度与强度最终反映在建筑空间形态上，包括天际轮廓线、城市肌理、开放空间、街道等方面。

　　提升城市建成区环境品质和城市活力离不开精细化建设与管理。所谓"绣花针功夫"体现在城市建设的细节之中，体现在人们的感官之中。注重细节，提高建设水平是促进城市高质量发展的必然途径。

　　随着信息技术进步和网络社会的发展，智慧城市成为未来城市发展方向。应用智慧化的技术方法，可以极大提高城市运营与管理水平，有助于城市绿色发展。

为地方决策者、管理者提供的营造策略　　　表 3-4

目标	可以采用的策略	案例
防止城市无序蔓延	合理划定生态红线和开发边界	广州市划定城镇开发边界、生态保护红线
城市价值最大化	结合城市设计的控制性详细规划	广州市琶洲互联网创新集聚区
实现老城区新活力	城市更新策划；老旧小区微改造	福州三坊七巷；成都宽窄巷子；广州永庆坊
提升城市新区建设的综合价值	精明增长，创新土地出让方式	杭州、深圳的创新型产业用地出让政策
构建站城一体的高强度城市枢纽	轨道枢纽综合式开发	东京、大阪车站开发
促进高质量公交服务均等化	快速公交	广州快速公交
塑造格局清晰、张弛有度的城市天际线	沿山滨海地区城市设计导则	香港维多利亚港的建筑高度控制；扬州瘦西湖周边高度管控
构建山水相望、通透舒朗的景观视线通廊	高度管控；视廊管控	巴黎视廊控制；广州传统轴线视廊管控
延续城市肌理，保护历史传承	历史名城名镇名村保护规划	日本京都市新景观政策
适应智慧城市的发展趋势	智慧交通、市政信息化建设；构建数字化密度与强度管理平台	广州"如约巴士"；杭州城管委推出"共停"；深圳"遥控移动护栏＋灯控"潮汐车道
道路品质化精细化改造	《广州市城市道路全要素设计手册》	广州环市东友谊广场交叉口；广州沿江西路停车等候空间改造
立体化、多首层的步行连廊系统	空中连廊、过街天桥改造	东京八重洲站东站房二层步行通道；香港中环二层连廊
灵活布局精致友好的口袋公园	边角地、闲置地绿地建设	成都微绿地改造；纽约佩雷公园
城市消极空间的品质化提升	废弃设施、厂房改造	广州黄埔立交桥改造；纽约高线公园

资料来源：萧敬豪 整理

04

建立有效的城市密度与强度引导机制

● 19世纪末20世纪初，欧洲与美国的城市开始了密度与强度的管控探索。其中，纽约基于对土地的合理划分与利用，1916年颁布了首部区划条例。为应对高层建筑无序发展及其他城市病问题，1961年引入容积率管控，形成由建筑密度、高度、容积率、开敞率、停车位等指标构成的密度与强度分区引导与管控方法，这一方法也逐渐被其他国家所采用。至今，纽约、伦敦、柏林、东京、新加坡等世界发达城市均已形成了完善的密度与强度引导与管控体系。我国改革开放以来，也开始逐步重视相关研究与探索，并尝试将密度与强度引导纳入法规或标准体系。

● 密度与强度的引导管控方法和各地的气候条件、土地所有制、法律体系，以及社会经济条件等息息相关，反映出不同城市发展的导向。因此，建立合理的开发强度引导管控机制与方法对实现城市效率和宜居的平衡至关重要。

4.1　合理有效的引导形成适宜的密度与强度

1 《中华人民共和国国家城市居住区规划设计标准》GB 50180-2018，中国建筑工业出版社，2018，第60页。

　　当前，我国城市经历了快速扩张发展阶段，无序建设的高层建筑不断增多，特别是高层高密度的居住区层出不穷，百米住宅建筑日渐增多（图4-1），对城市风貌带来了极大影响；尤其是在很多城市找不到自己的天际线，甚至出现所谓的毫无规律的"颤抖"的天际线，城市建筑整体之美荡然无存。过多的高层建筑，特别是高层住宅，也给当前的城市消防、应急疏散、城市交通、市政设施、配套设施等都带来了巨大的压力和挑战。[1] 有一个问题，尤其值得我们关注，那就是居住在高层建筑中的人，甚至对住宅的窗户都无法做到自行清洁，房子维修维护的大事小事都需要交由专业人员处理，这不仅极大地提升了建筑的维护成本，也降低了居住的人性化。特别是20世纪90年代以来大量高层建筑集中建成，经历近30年后，我国也将很快进入高层建筑更新维护的集中期。若高层住宅再继续无序发展，更将增加后期的维护压力。

　　因此，及时建立合理有效的密度与强度引导管控机制与方法正越来越受到国内城市的重视，密度与强度引导管控也逐步成为城市管理体系的重要组成内容。

2 李亚洲、朱红、闫永涛、谷春军：《统一价值，精细管理，面向实施：开发强度管控策略方法探讨及广州的实践》，载中国城市规划学会编《共享与品质 2018 中国城市规划年会论文集》，中国建筑工业出版社，2018，第14页。

　　通过合理的密度与强度管控，可以实现建设资源有序规范分配，避免发展失控。科学引导城市形成合理的土地经济价值、功能效率、基础设施配套体系。[2] 目前，国内外发达城市的密度与强度分区引导

图 4-1　我国城市住区高层化发展

图片来源：蒋朝晖：住区密度与城镇风貌——《城市居住区规划设计规范》修订预研究子课题

管控体系已比较成熟，主要集中在对土地利用的容积率、密度、高度等指标的控制上，核心目标是强调对发展底线与容量的规范控制。如纽约、东京基于土地利用分类，规定细化各类用地的密度与强度引导管控指标；香港将总体层面的强度政策分区与建筑高度控制、人口密度等相结合；新加坡同样基于人口密度，细化住区密度与强度等级，并基于城市中心体系，细化商业设施规模、数量和类型。

合理的密度与强度引导管控需要分层次、分区域，不能一刀切。密度与强度受到不同发展历史、自然条件、地域文化、法律制度等要素的影响，资本、人口、建设密度也呈现出随距城市中心距离增加而下降的普遍规律，因此密度与强度引导管控政策制定的合理性对于城市资源的精准调配具有重要意义。密度与强度该高的地方不宜进行过于刚性的管控限制，应合理引导，而适宜进行低强度开发的地区，或者不能支撑高强度、高密度开发的地区，也不宜给予过于高的密度与强度建设标准。例如，对于中心地区，如仅采取无差别的、一刀切的限制高强度与密度的管控政策，将造成土地市场的扭曲，形成低效的土地配置方式，可能导致人口密度不降反升，并在一定程度上导致土地供求矛盾突出、地价上升、城市蔓延、交通成本提高等一系列消极影响（如印度班加罗尔的案例）。

案例研究：印度班加罗尔的密度规定降低经济效率

班加罗尔（Bangalore）的容积率限制在 1.75~3.75 之间。贝尔托达（Bertauda）和布吕克纳（Brueckner）基于容积率限制对土地利用影响的理论基础，对印度城市班加罗尔进行了实证分析，得出容积率的不合理限制使得城市建成区扩张了 24%，并对居民造成了占家庭消费 1.5%~4.5% 的福利成本。如果对城市密度与强度进行合理引导，城市半径将会是 8km，而不是现在的 12km。

资料来源：上海城投·DFV：《城市规划、连通与融资》，同济大学出版社，2013，第 28 页

图 4-2、图 4-3 则分别比较了纽约和孟买中心区、香港和美国郊区住宅在不同密度与强度引导管控政策下所对应的城市空间形态，也进

一步反映出了密度与强度引导管控在营造城市特色、解决土地利用核心问题方面的重要作用。纽约曼哈顿采用高效、颗粒式的发展模式，使得高密度高强度区域非常小；孟买的粗放发展模式使得高密度高强度区域连片扩大。香港住区采取高密度集聚发展方式，得以保留大面积的自然空间；美国基于土地私有制及对低层优良住区的保护形成的郊区低密度开发，导致城市蔓延与土地资源浪费等问题。

纽约中心区　　　　　　　　　　　　　　孟买中心区

图 4-2　纽约和孟买城市中心区发展对比

香港某住区　　　　　　　　　　　　　　美国某住区

图 4-3　香港住区和美国郊区住宅发展比较

密度与强度的引导管控并不限于土地开发层面。尽管土地开发的密度与强度引导管控是城市政府中最常见的管理内容，但正如本书开篇的定义所示，密度、强度实际与城市建设各个领域均密切相关，存在非常丰富的理论内涵。比如，最直接的层面可以扩展至人口（人口密度、人口活动密度、通勤密度等）、城市资本（如地均产出密度）、公共服务设施（设施密度、服务覆盖率等）、交通（路网密度、站点密度等）等，再进一步扩展甚至还可以包含城市风貌，比如天际线、景观通廊、开敞空间、夜景灯光控制等（图 4-4）。当

图 4-4　日本北海道沿河地区灯光控制（左）美国纽约时代广场鼓励大尺寸动态灯光（右）

前国内很多城市的公共服务设施都存在分布不平衡或者可达性不高的问题。以生活性服务设施为例，大部分城市对大型商场、百货商店等较高等级的商业设施的布局相对比较完善，但在服务居民日常生活的便利店、菜市场、幼儿园等社区型设施的布置上，仍未达到居民便捷利用的要求。又如从灯光夜景图上也能反映出城市的密度与强度，我国东南部沿海地区的灯光密度就高于中西部城市，大部分地区形成灯光连绵带；而城市内部灯光亮度较高的地方一般来说也是建设强度较大的地方，比如城市中心的商业区（工业区、机场等地区由于生产的需要灯光强度也较高）；住宅区一般需要柔和低照度的灯光。

　　因此根据不同发展需要，各城市也会将上述部分内容纳入密度与强度引导管控的政策当中，比如利用调控人口密度分布来引导城市结构优化、加强公共服务设施分布均衡性、控制城市天际线与视廊等。

4.2　分层次分区域实现城市多样化引导

　　借鉴国外城市经验，以及国内部分城市的探索过程，我国城市在实现城市资源精准配置目标的同时，积极促进"整体重公平、局部重

效率、疏密有致"空间格局的形成。合理有效的城市密度与强度引导
与管控主要体现在市域／市区、片区、社区／街区 3 个层次。

4.2.1　市域／市区层面：明确城市发展总体价值导向

1　刘冰冰、杨晓春、朱震
龙：《香港密度管制经验
及反思》，《城市规划》
2009 年第 12 期。

明确城市总体引导原则。根据城市发展特定阶段、自然条件、发
展需求及城市文化习惯等综合平衡形成的城市发展价值观，将自始至
终影响到整个密度与强度引导目标、路线和标准的设定。国内外城市
实践证明，整体价值导向是密度与强度管理制度的核心与重点，为密
度与强度引导政策的制定提供了基本的逻辑与原则（表 4-1）。如日本
因地震灾害，极为重视城市安全，并强调对独栋住宅习惯的保护，使
得整个城市除了中心地区呈现高强度高层开发特点外，其余地区均较
为平坦低矮，在城市中心地区保持开敞的感觉，甚至能远眺富士山。
香港和新加坡采取了"兼顾充分发挥土地经济效益和注重自然环境的
保护和培育"[1]的总体思路，确定了整体"较高强度、高密度"的开
发模式。深圳以"适度高密度"为总体原则，在最新的密度与强度分
区修订方案中，进一步提升了强度的管控基准。

坚持以生态文明、绿色发展的价值观来引导城市密度与强度。城
市发展作为一项系统工程，在发展过程中保护生态环境安全、维护城
市安全稳定、实现城市总体发展规模的科学管控，一直是城市可持续
发展的保证。"鱼逐水草而居，鸟择良木而栖"，不论城市发展选择何
种空间发展模式，都应首先坚持人与自然和谐共生的原则，坚持山、
水、林、田、湖、草是一个生命共同体的理念。通过在总体层面对城
市发展各类资源及承载力的综合评价，划定清晰、明确、不可逾越的
生态保护红线、城市开发边界等，框定城市发展的生态与自然本底，
推动城市建设的集聚，防止城市碎片化、蔓延式发展，使城市始终能
够保持住大山大水的国土空间格局，为城市密度与强度整体上疏密有
致奠定基础。

不同城市发展的主要思路与密度强度引导价值导向表　　表 4-1

城市	总体管控原则	城市发展价值导向	城市风貌
香港	高效集约利用土地；注重自然环境的保护和培育	高强度高密度的城市建成区；大面积生态开敞空间和背景山体	
新加坡	注重自然和城市环境的培育	组团高强度高密度发展；保持组团之间的绿色开敞空间	
东京	应对地震灾害，保障城市安全，保障视线通畅，维护历史传统，注重自然环境的保护和培育	中强度高密度，市中心和主要交通走廊附近强度最大；建筑高度受到严格控制	
纽约	保持片区个性；规范高密度发展；保护中心区房地产价值；保证独立式住宅纯粹性	有明确高度分区；高强度高密度与低强度低密度分片区同时并存	
上海	总体开发强度不应高于新加坡和香港；强调轨道交通的土地开发	形成中心城区、近郊城镇、远郊城镇开发强度逐步递减格局	
深圳	以环境可接受强度为基准，注重自然和环境保护与培育	适度高密度发展；提高住区总量、取消商业区上限；以城市整体空间结构为基础，形成适应不同区域环境特征的密度分布	

资料来源：李亚洲、朱红、闫永涛、谷春军：《统一价值，精细管理，面向实施：开发强度管控策略方法探讨及广州的实践》，载中国城市规划学会编《共享与品质 2018 中国城市规划年会论文集》，中国建筑工业出版社，2018，第 14 页

4.2.2　片区层面：多方法划定城市密度与强度引导分区

（1）依据不同区位、不同用地类型划定城市强度与密度引导分区

划定密度或强度引导分区是国外发达城市用于解决城市拥挤、环境恶化、优化空间效率的最常用管理手段。借鉴国外经验，近年来我国部分城市也开展了密度与强度分区划定工作，旨在衔接城市总体规划与控制性详细规划，更好地实现总体层面的城市建设容量、各类资源管控要求向具体建设层面的传导。

尽管国内外各城市对于密度与强度的引导管控方式、标准不尽相同，但总体上，各城市均以遵循区位特征为主要原则，区分居住、商业、工业等不同用地类型，并综合考虑城市商业中心等级、交通条件、环境与公共设施承载力、生活习惯，以及相关建设规范等进行分区划定，其中引导管控的指标多集中在容积率、建筑层数或高度、建筑密度等方面。

纽约、东京——基于土地用途的密度与强度分区。纽约与东京对城市密度与强度的控制是通过区划条例来实现的，不同用途对应不同的建设密度与强度。以纽约市为例，土地用途主要分为住宅、商业和工业3大类，并分别细分为10、8、3种小类，对应不同的容积率区间及建筑密度、高度等指标数值。

如居住用途中 R1~R5 为低密度居住区，主要包括独栋别墅、联排别墅等住宅类型，一般离城市中心较远，以汽车通勤为主，容积率标准为0.5~1.25。R6~R10 为中高密度居住区，主要包括中、高强度的公寓，一般靠近城市商业区，公共交通便利，容积率为 2.2~10.0（表4-2）。

香港——基于可接受强度法的密度分区。在选择总体"高强度、高密度"发展模式的原则下，香港密度分区主要通过可接受强度法确定，各地区密度与强度上限主要是综合区位、现状和未来功能布局、

公共交通容量、基础设施容量、环境吸纳容量、居民承受力等影响因素来确定，[1] 以保障城市维持城市环境、市容景观、基础设施配套和安全。

1 刘冰冰、杨晓春、朱震龙：《香港密度管制经验及反思》，《城市规划》2009 年第 12 期。

美国纽约住区密度与强度总体分区思路示意表　　表 4-2

分类		容积率	建筑密度	形态选择
低密度住宅用地类型	R1	0.50~1.25	<55%	
	R2			
	R3			
	R4			
	R5			
中密度住宅用地类型	R6	0.78~3.44	60%~65%	
	R7			
高密度住宅用地类型	R8	4.0~10.0	70%~80%	

资料来源："The Zoning Resolution of the City of New York，"，October 14，2011

根据上述原则，香港住区密度总体划分了"都会区、新市镇、乡郊地区"3 类不同区域，其中都会区的住宅密度分区包括 3 个：1 区是最高密度住宅发展区，适用于有大容量公共交通系统服务的地区。2 区为中密度住宅发展区，虽然有大容量公共交通系统服务，但却是算不上方便的区域。3 区住宅开发密度最低，适用于公共交通系统容量极为有限，或者城市设计、交通、环境方面受到特别限制的地区。[2] 新市镇的住区密度划分原则与都会区类似，形成 4 个分区；乡郊地区则主要按照是否处于商业中心，以及公共交通服务水平、基础设施服务水平等划分为 6 类分区（表 4-3 ）。

2 薄力之：《城市建设强度分区管控的国际经验及启示》，《国际城市规划》2019 第 34 期。

香港都会区、新市镇、乡郊地区的住宅用地强度控制表　　表 4-3

区域	分区		最高容积率
都会区	住宅发展密度第 1 区	现有发展区	香港岛　现有地区　7.5/8/9/10
			九龙及新九龙　7.5
			荃湾葵涌及青衣　8
		新发展区及综合发展区	6.5
	住宅发展密度第 2 区 /3 区		5/3
新市镇	1 区 /2 区 /3 区 /4 区		8/5/3/0.4
乡郊地区	1 区 /2 区 /3 区 /4 区 /5 区 / 乡村		3.6/2.1/0.75/0.4/0.2/3

资料来源：薄力之：《城市建设强度分区管控的国际经验及启示》，《国际城市规划》2019 年第 34 期

　　深圳——基于总量分配与可接受强度方法的密度与强度分区。以适度高密度发展为目标导向，深圳市结合多轮容积率管理实践与经验，以促进土地集约节约利用、加强生态环境与特色风貌保护、保证土地开发权益的公平性为主要原则，综合考虑城市空间结构、区位条件、交通条件，以及全市交通基础设施、公共服务设施、市政服务设施承载能力等因素建立了全市基准强度分区模型，将建设用地划分为 5 个密度分区（不包括机场、码头、港口、核电站等特殊管理地区），每一个分区对应一个总体的开发建设特征（表 4-4）。

　　上海——围绕轨道交通开发的密度与强度分区。《上海市控制性详细规划技术准则》明确强度与密度分区的总体策略包括 4 个：①贯彻 TOD 开发模式，以轨道交通为核心确定开发强度分区体系；②采用较高强度发展模式，总体上的强度控制指标不应超越新加坡和香港；③形成中心城、近郊和远郊城镇开发强度逐次递减的分布格局；④各类特别区域的开发强度控制由各类区域自身的特定要求确定。

深圳市城市建设用地密度分区基准容积率和容积率上限一览表 表 4-4

| 密度分区 | 商业 | 居住 | | 工业 | | 物流仓储 | |
	基准	基准	上限	新型产业用地基准	普通工业用地基准	物流用地基准	仓储用地基准
密度一区	5.4						
密度二区	4.5	3.2	6.0	4.0	3.5	4.0	3.5
密度三区	4.0						
密度四区	2.5	2.5	4.0	2.5	2.0	2.5	2.0
密度五区	2.0	1.5	2.5	2.0	1.5	2.0	1.5

资料来源：深圳市人民政府：《深圳市城市规划标准与准则》，2018

其中，在中心城密度与强度分区划定方面，根据轨道交通站点服务距离 500m、800m、1500m 不同服务范围叠合，确定每个街坊能划入的强度等级区域，而将 50% 以上（含 50%）用地位于轨道站点 300m 范围内的街坊划定为某强度区的特定强度区（表 4-5）。

上海市中心城及宝山新城、闵行新城、虹桥商务区等地区容积率指标表 表 4-5

用地性质	强度区容积率	Ⅰ级强度区	Ⅱ级强度区	Ⅲ级强度区	Ⅳ级强度区	Ⅴ级强度区
住宅组团用地	基本强度	≤ 1.2	1.2~1.6（含1.6）	1.6~2.0（含2.0）	2.0~2.5（不含2.5）	2.5
	特定强度	—	—	≤ 2.5	≤ 3.0	>3.0
商办用地	基本强度	1.0~2.0（含2.0）	2.0~2.5（含2.5）	2.5~3.0（含3.0）	3.0~3.5（含3.5）	3.5~4.0（含4.0）

资料来源：上海市规划和国土资源管理局：《上海市控制性详细规划技术准则》，2016

（2）注重与城市设计、人口调配、总体容量平衡等多维度政策的结合

当最基本的密度与强度分区并不能涵盖所有城市形态、容量管理等内容时，还需要与其他管控政策一起配合。比如新加坡首先以人口分配为基准，以服务半径为依据，确定了住区的容积率、层数、密度和配套设施容量等，在解决大量住房问题的同时，也实现了新市镇疏解人口的总体目标。

而近年来为提升高密度高强度城市发展的宜居性，新加坡更是强化了对城市品质的营造，制定了专门的高度控制，以及公园、滨水与公共空间管控图等。通过城市整体天际线的高度控制、开敞空间的预留，也实现了对城市地块容积率的标准限定和对高强度地块开发的规范。在城市住区方面，不断引进先进建筑技术和设计理念，增加住区垂直和水平方面绿色空间密度（图 4-5），以及社区中心服务设施的集聚程度等，不断增加居民与自然环境的密切接触，提高居民对服务设施便利的满意度。

1　Urban Redevelopment Authority，"Draft Master Plan 2019"（2019）.

在交通方面，2019 年发布的新加坡总体规划草案中也提出了新的引导标准，实现更多的人能享受到轨道通勤便利的目标，达到每 10 个家庭中就有 8 个住在轨道站点、步行 10 分钟之内的密度标准。[1]

图 4-5　新加坡高层住宅空中花园和生态住宅

图片来源：朱宏宇：《高密度住区的开放性——新加坡高层组屋公共空间研究》，《城市建筑》2016 年第 22 期

与新加坡类似，香港也制定了天际线控制导则，并非常重视对交通可达性和住区公共服务设施密度提升等引导内容。近年来我国深圳、武汉、上海等城市，结合自身的强度管控分区也制定了单元总量平衡、承载力校核等相关规定，以综合实现较为理想的城市管理效果。

4.2.3 社区／街区层面：细化特殊区域的强度管控规则

保障城市发展个性与弹性。密度与强度分区是针对全市范围引导与管控的共性通则，是对某个发展片区的整体性控制，重在实现"整体重公平"的目的。但具体到微观地块或特殊发展区域的密度与强度时，仍有一个修正过程，如考虑到地块大小不同、临街数目不同，或者位于历史城区、城市更新地区、交通枢纽地区、滨水地区、城市新区等特殊区域，则需要更多地考虑"局部重效率"的发展原则，使强度与密度的计算为实际开发项目留有一定的弹性，以保障地区发展的个性与特色。

制定特殊修订规则。如新加坡在针对中心地区的商业、办公和旅馆建筑的容积率管控时，明确可以采用"基准加奖励"（Base Plus Bonus）的规则对地块容积率进行一定修正：奖励容积率与基地规模和大众捷运系统站点距离相关，如果地块 50% 以上面积位于站点 200m 范围之内，允许上浮 10%；如果地块 50% 以下面积位于站点 200m 范围之内，允许上浮 5%。[1]类似的方法在我国深圳、上海等城市也得到了运用，这些城市在制定微观地块的修正系数时，除了考虑到轨道交通站点的修正因素外，也会增加地块规模、周边道路等修正因素。

划分特殊引导管控区域。纽约和东京在特别意图区、都市再生特别区等允许特殊区域内，密度或强度可进行更大幅度调整。如纽约特别意图区，主要为了保障历史保护、城市风貌协调等规划意图的实

1 薄力之:《城市建设强度分区管控的国际经验及启示》,《国际城市规划》2019 年第 34 期。

现，在区域内允许实行容积率奖励和转移等弹性引导措施。而东京为了应对近年来其他亚洲城市的发展挑战以及高龄少子化发展的趋势，不断推动城市功能更为整合与集聚发展，因此在部分特定的城市更新区域，允许不受现有容积率、高度等规定限制，拥有较高自由度的新型城市规划制度。

回归人的尺度和自然的尺度。针对城市发展新区域的建设，根据实际发展的目的、建设类型、自然特色等确定建设密度与强度。在总体遵循中心地区集聚开发、住区宜居优先等一般原则的前提下，注重对地域文化特色的塑造。如当前正在规划建设的雄安新区，以人的尺度、自然的尺度为基准，明确提出了建筑高度控制在 45m 以下、窄路密网小街区的建设标准，将更多机动车的空间留给步行和骑自行车的人，达到一个市民能在很小的出行半径里就能够满足工作、生活、社交、休闲等需求的空间密度目标。

4.3 重视配套机制的制定与实施

城市密度与强度具有动态性、相对性和复杂性，难以一蹴而就，需适时根据城市发展阶段，结合具体发展需求，通过城市基础数据平台建设、制定相关管理政策等多种配套制度，促进城市强度与密度指标更为科学、合理地实施。

4.3.1 搭建"人—地—房"相匹配的基础数据平台，实现跟踪维护

完善基础数据监测体系与平台建设。城市密度与强度需要用地指标、人均指标等各类不同基础数据体系支撑，要经过长时间的数据监

测、实践与反馈，才能促进强度与密度分区不断修正完善，精细调整并逐渐趋于稳定。

如纽约、东京、香港与新加坡均会定期针对土地利用、建筑信息、人口、住房信息进行调查与统计；深圳市近年来已逐步建立起"多规合一信息平台""综合交通仿真系统""市政一张图系统""公共设施台账"构成的4大数据平台；广州市在开展面向2035年的国土空间规划时，开展了"四标四实"工作，以网格为单元，按照"标准作业图、标准地址库、标准建筑物编码、标准基础网络"4个标准，重点摸查全市"实有人口、实有房屋、实有单位、实有设施"4类基础信息，将全部信息纳入数据平台，人—地—房数据相互印证和匹配，为合理的密度与强度引导管控建立基础信息平台。

4.3.2　引入新技术，创新城市强度分布优化方法

在资源与人口矛盾日益突出的情况下，适度高密度与高强度发展将是亚洲城市的主要选择，但较高密度的城市会产生较低的城市风速、热岛效应，以及日照受到限制等系列问题。非典型肺炎在香港爆发之后，居住环境备受关注。近年来，香港启动城市空气流通评估和都市气候研究，其中空气流通评估已纳入《香港城市规划标准与准则》，为街区、街道、建筑群体形态设计等多方面提出了详细的引导管控指引。

4.3.3　健全法律与行政制度

形成相应法律文件或标准，保障法定约束性。发达国家及我国的一些城市及地区，如美国、日本、新加坡、香港、上海、深圳等，在针对城市密度与强度进行持续性专门研究的同时，也非常注重制定合理完整的引导管控机制，特别是形成相应的法律文件或制度标准，作

为指导城市有效发展的关键基础，更好地保障了引导管控实施的法定性与约束性（表 4-6）。

各城市密度与强度管控法规文件一览表　　　表 4-6

城市	法律文件或标准
纽约	《区划条例》
东京	《土地用途区的制定方针与标准》
香港	《香港规划标准与准则》；《建筑物（规划）规例》
新加坡	《居住开发控制指引》
深圳	《深圳市城市规划标准与准则》；《深圳市城市更新单元规划容积率审查技术指引》
上海	《上海市控制性详细规划技术准则》
武汉	《武汉市建设工程规划管理技术规定》

资料来源：朱红根据各城市规划建设的标准与准则整理

完善配套行政管理制度，提升管控效力。城市密度与强度的引导和管控落实还需要有完善的配套行政管理制度。法律法规对密度强调的是刚性控制，但由于土地开发的不确定性，以及受到各种因素的影响会有相应的弹性调整。因此需要集合相应的行政管理制度，允许城市密度与强度有相应的弹性调整空间，并进行科学合理的引导。

小结

明确城市发展价值导向、划定城市发展底线对于密度与强度的引导和管控有重要的意义：城市发展价值观深刻影响到密度与强度分区与引导管控目标、标准的设定，也将奠定城市的开发效率、空间形态特色和整体发展基调，是整个引导与管控体系的核心与重点。

分层次分区域的综合控制：城市密度与强度引导管控应根据不同区位、不同用地类型进行分区管理，并综合考虑交通条件、配套设施、城市文化习惯等影响，以及历史文化保护区、滨水地区等特殊地区的特殊管控要求，分层次分区域实现引导管控的一般性与特殊性的结合。

加快完善相关法规和政策措施：由于土地市场开发的不确定性，以及各种因素的影响，密度与强度引导管控应当有完善的法规及技术标准作为支撑，并允许弹性调整，如土地开发权转让、容积率补偿等积极灵活的奖惩措施，行政手段和法律手段结合，共同形成有效的实施机制。

需要坚持动态更新与修订：城市密度与强度引导和管控应建立详尽的基础资料数据库作为支撑，应根据城市发展实际进行滚动更新，保证管控的科学性、合理性和适应性。

05

案　例

- 东京：站城一体

- 新加坡：高强度下的宜居城市建设

- 广州：快速公交实现绿色交通

- 深圳：城市密度与强度引导和管控

- 新北川：兼顾安全与自然

- 都江堰：双限双减，双提双优

5.1 东京：站城一体

5.1.1 通过植入"城市核"实现站点与综合体的多层连接

"站城一体"的关键在于站点和城市建筑的连接，并形成良好连续的步行体验（图5-1）。东京涩谷综合体内设置了一个纵向的城市核，作为建筑内人流垂直交通转换中枢，并在多个层次连通车站和路面，在高效聚拢、引导、疏散客流的同时，提供了一个聚集、休憩的全天候公共活动场所。

城市核作为连接轨道站大运量脉冲式客流与枢纽综合体慢行系统之间的公共性设施，是由私营开发商建设运营，政府通过容积率奖励的形式给予补偿。

图 5-1　东京多首层空间的轨道站设计

图片来源：黎志涛 摄

5.1.2 通过纵向成环、横向成网的方式，形成系统完整的立体步行网络

通过铁路、车站设施、道路等一体化建设，形成系统完整的步行网络。同时，结合地形和功能构建多层次步行空间，连接车站与城

市，并在车站周边布局连接这些步行网络的竖向空间，使其不再单纯以通行为目的，而是作为城市的枢纽，为人们提供休憩、驻留的空间，从而增加公共活动的密度与空间。

5.1.3 通过站前广场设计，实现交通功能与公共空间的完美融合

如东京站八重洲站前广场将建筑面积集中到两侧双塔楼，在地面层留出大量步行空间，改变了之前人车混行的情况，极大改善了步行体验；同时通过底层店铺、休憩场所、沿街绿化等，实现了"纯交通空间"向"复合型公共空间"的转变。新横滨站则采用底层架空的方式，站前广场净空挑高 7.5m，三层及以上以商务办公功能为主。涩谷则采取人车分流的做法，公交首末站及出租车临时停靠点和步行系统有着明确的体系，通过城市核和置于人行广场上的垂直交通核进行转换，使人行系统融入城市街道步行系统，成为城市公共空间的延伸。

5.1.4 通过人性化细节设计，打造高品质多首层空间

东京轨道站点采用多种场所营造手法，使客流在不同层次行走时均有良好的"首层"空间体验。如垂直方向上通过错层植入半室外中庭空间，将阳光、风等自然环境因素引入多个空间层次，从而形成室外空间体验；充分利用地下地上空间，借助下沉广场、屋顶平台等，形成多形式的立体街区，丰富了空间趣味；于步行系统中设置清晰及个性化的导向系统，增强空间可识别性。

5.2　新加坡：高强度下的宜居城市建设

新加坡是一个岛国，海岸线总长 200 余千米，陆地面积为 719km²，其中 160 多平方千米是由围海造地而成。

新加坡现状建设用地占国土面积约 75%。规划到 2030 年填海后国土总面积达到 766km²，建设用地比例将超过 80%（包括国防、港口、机场等军事与区域交通设施用地）。新加坡如此高的国土开发强度下，是如何打造世界闻名的宜居花园城市的呢？

5.2.1　中央集水区——城市内部的自然生态空间

新加坡地势平坦，尽管国土面积不大，但公园和自然保护区在新加坡的土地利用规划中是重要的组成部分，国土植被覆盖率非常高。

在 2014 年版的城市总体规划中，划出 9% 的土地用于修建公园和设立自然保护区。新加坡大刀阔斧地将市中心生态本底优良的地带，划为永久保护区，占地面积约 30km²。这片自然保护区同时还是新加坡的中央集水区，没有任何开发建设，完全保持了原始森林的原貌，为居民在喧嚣都市中保留了一块自然的净土。

5.2.2　融入式的公园绿地建设

新加坡的绿化覆盖率达到 50% 左右，各类绿地面积占新加坡国土的近 1/8。通过建设公园、公园连接区、街边绿化、水网络和天空净化等方式，将绿化、生物多样性融入城市环境中。

新加坡的绿化是立体的，通过绿化带串联区域性公园、社区邻里公园，对停车场、高架桥、楼房立面等全面实施立体绿化，对绿化的规模、位置、建设标准和建设责任等进行明确的规定，划定绿线纳入远景规划，保障绿地实施。中央商务区地区的绿化采取占补平衡的机制，新建大楼占用的地块，要通过各种方式恢复同等面积的绿地，可以是空中花园、也可以是地面绿地。

精细化的城市绿化空间建设使得这个土地有限的城市在高密度高强度的开发建设模式下，仍然为居民提供了宜居宜人的生活与工作环境并成为享誉世界的"花园城市"。

5.3 广州：快速公交实现绿色交通

5.3.1 广州快速公交的发展背景和概况

广州自 1994 年开始实施公交优先发展战略。[1] 截至 2010 年广州快速公交建成前，8 条地铁线路总里程 236km，日均客运量近 500 万人次。然而，仅有轨道交通难以完全满足广州巨大且多样化的出行需求。这个时期常规公交也实现了快速发展，公共汽（电）车达 10435 辆，日均公交客流量达 630 万人次，且各项主要指标居全国前列（图 5-2 ），但常规公交整体服务水平不高，高峰时段运营效率和可靠性与轨道交通差距明显，主干道公交线路重复严重、与社会车辆相互干扰等问题普遍存在。

在这一背景下，为落实城市公共交通优先发展战略，同时通过减少公交车和社会车辆的相互干扰，广州在 2004 年底启动了快速公交

1 郭晟、陆原、黄晓虹：《广州市快速公交发展实践》，《城市交通》2008 年第 6 卷第 5 期。

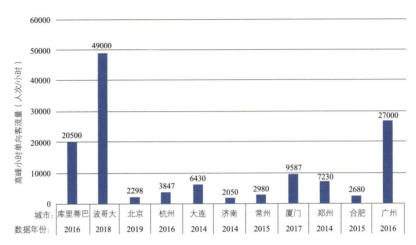

图 5-2　部分城市 BRT 走廊高峰小时客运量对比

图片来源：根据 http://www.chinabrt.org 数据绘制

概念研究，最终选择了拥堵问题最为严重的天河路—中山大道—黄埔东路作为快速公交试验线走廊，同时确定采用创新的"专用通道＋高效车站＋灵活线路"的系统模式。中山大道 BRT 试验线全长 22.9km，全线规划道路宽 60m，设 26 座停靠站。

5.3.2　广州快速公交建成后的主要效益

2010 年 2 月，广州中山大道快速公交试验线建成通车，实现效果良好。经过多年的运营，广州快速公交系统各项配套设施不断完善，运营服务水平不断提高，所在道路上交通秩序井然、通行能力提升。快速公交不仅越来越受到市民群众的欢迎与肯定，快速公交的"广州模式"也成为国内外快速公交发展实践中一个富于创新、极具个性与特色的范例。2011 年 1 月，广州市凭借快速公交等项目成就，获得"2011 年度世界可持续交通奖"；2012 年 12 月，广州快速公交项目获得联合国"2012 年应对气候变化灯塔奖"（表 5-1、表 5-2）。

广州 BRT 创新与突破一览表

表 5-1

模式创新	运量突破
创造性地提出并在全世界首次采用了"专用通道＋高效车站＋灵活线路"的 BRT 系统模式； 是中国第一个在 BRT 车站设计中整合了自行车停车保管站和自行车换乘系统的 BRT 系统； 是全世界第一个实现地铁车站和 BRT 车站物理整合的 BRT 系统； 是中国第一个实现 BRT 天桥和周边商业建筑物理整合的 BRT 系统； 是中国第一个实现多家运营商（3 家运营集团）联合运营的 BRT 系统	高峰小时单向客流达到 2.69 万人次／小时，超过了中国大陆其他 BRT 线路和大部分地铁线路； BRT 专用通道日均运送客流达到 80 万人次／日以上，超过了广州市任何一条地铁线路； 拥有世界上最繁忙的 BRT 车站，上社站的早、晚高峰进站客流均超过 8500 人次／小时，全天进站客流超过 5.5 万人次／日； 拥有世界上最繁忙的 BRT 专用通道，最大断面 BRT 车流量达到 350 台／小时，即约每 10 秒就有一台 BRT 车经过

资料来源：陆原等：《广州快速公交实践与探索》，中国建筑工业出版社，2015，第 124-127 页

广州 BRT 主要效益一览表

表 5-2

带来乘客与运营商的双赢	提升公交服务水平	促进交通出行方式结构优化及公交与地铁的整合	改善交通秩序，提高社会车速	提升城市形象	节能减排改善环境	提高市民对公共交通的满意度
BRT 系统运营后，试验线走廊沿线公交运营利润提高 63%；实现同向乘客免费换乘，试验线走廊沿线公交乘客出行平均费用降低 76%，乘客每次 BRT 出行平均可节省 13～20 分钟	试验线走廊内的公交车速明显提高，停站时间缩短；公交日平均车速从 12.5km/h 提高到 23km/h，增幅 84%；公交车平均停站时间比建成前缩短 20%	试验线建成后，优良的出行条件吸引了大量乘客，吸引和转移客流近 30 万；试验线走廊日均公交客流从 52 万人次增加至 80 万人次以上，增幅达 53.8%；有 17 个地铁站增加了 BRT 的线路指引标志，方便行人换乘 BRT，公交系统与地铁系统间换乘量大幅增加，BRT 与地铁换乘量约占 BRT 客流的 10%	高峰时段社会车道交通量明显增大，高峰时段走廊沿线社会车速双向分别提高 18%（东向西）和 25%（西向东），社会车辆平均车速提高 28%	中山大道、黄埔大道沿线市容市貌焕然一新，展现出一个现代化、以人为本、富创新精神的大都市形象	超过 65% 的市民认为中山大道环境质量较高，超过 47% 的市民认为广州的环境质量也因此得到了提高	超过 65% 的乘客对中山大道公交服务表示满意，比 BRT 开通前显著提高，过去 3 年这一比例分别为 25%（2009 年，施工期）、42%（2008 年）和 40%（2007 年）

资料来源：广州市市政工程设计研究院、广州市道路交通工程研究中心：《广州市中山大道快速公交（BRT）试验线工程后评估》，2010

5.4　深圳：城市密度与强度引导和管控

5.4.1　主要历程

"适度高密度"是深圳市密度分区引导管控的总体思路和目标。当前深圳市全市建设量已达 10 亿平方米，平均每年增量近 4000 万平方米，建设用地毛容积率超过 1.0。"高度建成、高度规划、高密人口"已成为深圳长期面临的城市建设状态。为此，密度研究与分区管控工作备受重视，从 2001 年开展密度分区研究工作至今，深圳已先后开展了 5 轮密度分区研究工作（表 5-3），前两轮以研究为主，后 3 轮面向管理实施，逐步进入实操层面和法制化阶段。

深圳市开发强度管控研究与实践一览表　　表 5-3

年份	开展工作
2001 年	《深圳经济特区密度分区研究》
2007 年	《深圳市城市总体规划修编》密度分区专题
2009 年	《深圳市法定图则编制容积率确定技术指引（试行）》
2013 年	《深圳市城市规划标准与准则》密度分区和容积率专章
2014 年至今	新一轮密度分区修正工作，作为新总体规划容量研究技术支撑；形成《深圳市城市更新单元规划容积率审查技术指引》，并修订《深圳市城市规划标准与准则》密度分区和容积率专章

资料来源：朱红、李亚洲、闫永涛、刘涛：《精细化管理背景下城市建筑总量的测算与管控研究——以广州为例》，载中国城市规划学会编《共享与品质 2018 中国城市规划年会论文集》，中国建筑工业出版社，2018

最早的密度分区研究中，深圳主要采用预测建筑总量自上而下分配计算的思路，并通过交通区位、服务区位、环境区位等因素的叠加分析构建了全市密度分区基准模型，确定了"密度分区＋基准容积率

+ 地块修正系数"的理论框架，为深圳市后来的密度分区研究提供了重要理论、技术和方法基础，也逐渐被我国其他城市借鉴。

随后深圳市结合城市总体规划，逐渐按照城市可接受强度的价值导向理念，以保护生态底线、增加建设用地经济效益等为基本要求，将分区模型与基准标准进行修订，并逐步将研究纳入法规标准。

在最新一轮的密度分区修订工作中，深圳市突出了全市建筑容量宏观管控的思路，平行开展交通、市政及中小学教育、综合医院等公共服务配套设施的综合承载力校核，提出了适度提高城市开发总量、2035 年建筑总量控制在 13 亿平方米左右的目标。

同时，也采用了大量现状与审批案例对基准指标进行校正，调整了各类用地的强度控制标准。特别是针对职住失衡的问题，对居住用地的开发强度标准进行了较大幅度提高。[1]

5.4.2 深圳市密度分区引导与管控标准

《深圳市城市规划标准与准则》将全市建设用地密度分区分 5 个等级，不包括机场、码头、港口、核电站等特殊管理地区。并针对居住、商业服务业、工业、物流仓储 4 大类用地进行了容积率管控规定（表 4-4）。其中居住用地容积率等级分为 3 个，商业服务用地分为 5 个，工业用地分为 3 个，物流仓储用地分为 3 个。

具体到地块层面，地块容积率的确定还要根据地块规模、周边道路、地铁站点 3 个方面因素进行修正（表 5-4）。周边道路修正系数和地铁站点修正系数同时存在时，商业服务业用地、新型产业用地、物流用地地块可进行重复修正，居住用地地块仅选取其中最大值修正。[2]普通工业用地、仓储用地地块仅进行周边道路修正，不作地铁站点修正。

1 朱红、李亚洲、闫永涛、刘涛：《精细化管理背景下城市建筑总量的测算与管控研究——以广州为例》，载中国城市规划学会编《共享与品质 2018 中国城市规划年会论文集》，中国建筑工业出版社，2018。

2 深圳市规划和国土资源委员会：《深圳市城市规划标准与准则》，2018. http://www.sz.gov.cn/cn/xxgk/zfxxgj/tzgg/201901/P020190104390528212034.pdf。

修正系数部分内容示意：基准用地规模修正系数表　表 5-4

用地功能	基准用地规模（hm²）	修正系数规定
居住用地	2	地块不大于基准用地规模时，地块容积及容积率不进行折减。地块面积大于基准用地规模时，地块修正系数按每增加 0.1hm² 折减 0.005 累加计算，不足 0.1hm² 按 0.1hm² 修正，最大折减值不大于 0.3
商业服务业用地	1	
普通工业用地	3	
新型产业用地	1	
仓储用地	5	
物流用地	2	

资料来源：深圳市规划和国土资源委员会：《深圳市城市规划标准与准则》，2018. http://www.sz.gov.cn/cn/xxgk/zfxxgj/tzgg/201901/P020190104390528212034.pdf

　　此外，深圳市还划定了全市"适度减量、适度增量"特定地区，如对于涉及特色风貌、生态敏感、核电防护、地质安全等因素的特定地块，将执行"适度减量"原则，适当降低开发强度。对于城市更新地区、塑造特定城市形象与风貌的重点地区、保障房项目、立体综合开发地区等符合城市综合利益的区域，在满足设施服务能力并经专题研究的前提下，可以经过相应审批程序适当增加开发强度。

5.4.3　主要经验启示

　　强化总体容量控制。将总体容量控制作为密度与强度引导管控的重点是深圳密度分区管制的重要趋势。以面向 2030 年的深圳城市总体规划[1]修编确定的 2200 万服务人口规模为基础，模拟测算了深圳市 2030 年的规划总量，同时平行开展交通、市政及公共配套的专业评估，然后将各评估结论、密度分区规划总量结论，以及 2030 年预测的规模总量进行反复、多轮的校核，以实现容量控制的整体平衡。

　　全样本与 4 大信息平台的数据支撑。大量的数据平台支撑和全样本分析是深圳市密度分区研究工作中最为突出的特点之一。"规划一张图系统""综合交通仿真系统""市政一张图系统""公共设施台账"等数据平台，不仅能准确反映深圳市不同用地类型的建设量变化、强

1　根据国家要求，深圳正在编制面向 2035 年的国土空间总体规划，相关总量控制要求也在相应调整中。

度分布规律等，还能模拟全市交通、市政、公共服务设施的综合服务承载能力，保证密度与强度测算的科学性。

法制化与常规动态修正。为减少人为影响、提高效率、降低行政风险，深圳市一直高度重视容积率规划管理工作的制度化与法制化建设进程，在每个阶段都注重形成相应的规定来保障密度分区管控的法定地位和实施效力。深圳市不仅构建了清晰的密度分区和强度控制体系，还形成了一系列容积率奖励与转移等多元的配套机制，并专门制定了城市更新地区的容积率管控指引。

5.5 新北川：兼顾安全与自然

北川新县城是 5 · 12 汶川特大地震灾难后中央决定的一个异地重建的县城。北川新县城的规划由中国城市规划设计研究院负责，秉承"城建工程标志、抗震精神标志、文化遗产标志"的要求，通过规划设计，诠释北川新县城作为中小城镇建设"安全、宜居、繁荣、特色、文明、和谐"的愿景。

北川新县城总体规划明确提出未来新县城将融入绵阳、江油、安县区域发展格局。2020 年北川新县城将建成北川县域政治经济文化中心、川西旅游服务基地和绵阳西部产业基地、现代化的羌族文化城和生态园林城。用地 7km^2，人口规模 7 万，人口密度 10000 人/平方千米。

5.5.1 构建望山融丘、理水亲人的城市山水格局

北川县城城区建设用地主体位于群山环绕的河坝之上，规划对于不同尺度的山采取不同的使用态度：严格保护大型山体，城市建设

组团拥山而不占山，观山而不登山；合理利用浅丘地带，适度进行开发，城市建设用地呈分散组团格局。

水体的利用意在传承羌族"精于水利，水寨一体"的聚居传统，提升县城生活的亲水性，形成亲水活动的步行范围不超过 300m 的城区水系格局。

规划提出构建"山水环、生态廊、休闲带、生长脊、设施链、景观轴"的空间结构设计构思，以环、廊、带、脊、轴、链等多空间要素的相互交织构成了新县城功能布局与风貌展示的空间骨架。安昌河作为新县城贯穿南北的"生态廊"，河道两岸绿化空间作为改善县城环境，保证静风频率较高地区小气候质量的重要生态走廊。以永昌河为主体的休闲带，结合原有水系梳理设置一系列特色公园空间。巧妙借用自然山形和河道走势建立横贯东西的城市"景观轴"。以周围山体为端景，景观轴串联城市山水空间、文化中心、抗震纪念园、羌族特色步行街和步行风雨桥等空间和设施（图 5-3）。

图 5-3 北川新县城总体规划空间结构设计图

图片来源：中国城市规划设计研究院、中国建筑设计研究院：《建筑新北川》，中国建筑工业出版社，2011，第 15 页

5.5.2 营造集约紧凑、疏密有致的城市空间格局

总体规划确定人均建设用地控制在105平方米/人以内，通过开放空间网络构建城市用地组团格局。以双棋盘的路网格局形成相对规整的城市地块划分。城市建筑整体高度、形态保持平缓舒展的态势。建筑以低层、多层错落布局，局部点缀小高层。小高层建筑布局考虑以城镇干路与城市景观视线为主要路径，形成点状连续、视觉引导的空间体验。

5.5.3 建筑设计顺应地方特色文化、注重新的建造技术与材料的运用

在建筑设计上努力实践"乡土建筑现代化，现代建筑本土化"的原则，在满足时代功能需要的前提下力求在建筑体量、尺度、色彩、材质等方面真实表达羌族文化。在城区尺度的建筑风格分区控制的"大统一"的基础上，北川新县城规划设计重视建筑尺度，以及人体尺度的丰富体验。

5.6 都江堰：双限双减，双提双优

四川省都江堰市总面积1208km²，2017年常住人口69.09万人，距成都约50km，是大九寨环线和大香格里拉环线的关键节点，是联系卧龙和阿坝地区的门户（图5-4）。近年来，都江堰市城市建设落实成都"西控"战略总体要求，立足资源禀赋和产业基础，对标国际先进旅游城市，力争建设国家中小城镇旅游模范城市，在城市总体规划中，提出"双限双减，双提双优"的规划策略。

123

图 5-4　都江堰城市风貌

5.6.1　立足"生态为本，文化为魂""双限双减，双提双优"

1　杨华春：《都江堰努力建设国际生态旅游名城》，《成都日报》2017年10月13日，http://www.chengdu.gov.cn/chengdu/home/2017-10/13/content_41be6915357b4f4595f206dd7c09b522.shtml?y7bRbP=KaRXqGqwop0wop0woQWE81KTcrHaSvzOCu96hfixqTLqqr0.

"双限双减，双提双优"具体包括限制影响生态要素，限制城乡发展规模；减缩近山建设规模，减缩滨水建设体量；提升城市服务功能，提升全域旅游体验；优化城乡空间形态，优化产业空间布局。[1]其中限制城乡发展规模重点是减量。全域城镇建设用地规模，由原规划116km^{2}减少到87.8km^2；城镇规划人口总量控制在80万人以内。城市建设用地规模控制在46km^2，城区规划人口总量控制在45万人以内。重要绿隔区内的农村集体建设用地规模，在现状基础上减少50%。优化城乡空间形态上，提出严控建筑体量和开发强度，居住用地容积率控制在2.0以内，商业用地容积率控制在4.0以内。

5.6.2　优化新型城乡形态，推进全域景观化

　　构建"主体功能区—特色镇——般镇/新型社区/林盘聚落"3级城镇体系，形成以城带镇、以特色镇带动一般镇和社区的发展格局。滨水沿山轴塑造"山水田园道"的天府水乡格局；平坝区营造"田成方、林成簇、水成网"的都江堰精华灌区田园美景；丘陵地区打造"山水相依、城田相融、城乡一体"的新型城乡形态，控制沿山地带开发强度、建筑高度。市域产业空间发展构建"双心"——主城区旅游城市核心、青城山旅游服务中心，"两区"——大青城沿山旅游发展区、田园生态发展区（都江堰精华灌区）的结构。

主要参考文献

[1]　薄力之．美国区划法对于建设强度管控的措施与经验——以纽约为例 [J]．北京规划建设，2017（02）：34-43．

[2]　陈振羽，魏维，朱子瑜，孙彤．可持续规划理念在北川新县城总体规划中的实践 [J]．城市规划，2011，35（52）：31-36．

[3]　邓兴栋，胡峰．百年街道的复兴——广州西堤街道规划设计实践与思考 [J]．城市规划学刊，2017（A01）：59-67．

[4]　丁成日，谢欣梅．城市中央商务区（CBD）发展的国际比较 [J]．城市发展研究，2010，17（10）：72-82．

[5]　丁成日．城市密度及其形成机制：城市发展静态和动态模型 [J]．国外城市规划，2005（8）：7-10．

[6]　丁成日等．城市规划与空间结构——城市可持续发展战略 [M]．北京：中国建筑工业出版社，2005．

[7]　董春方．密度与城市形态 [J]．建筑学报，2012（07）：22-27．

[8]　胡晓青．中国宜居密度研究 [M]．北京：中国建筑工业出版社，2018．

[9]　李亚洲等．统一价值，精细管理，面向实施：开发强度管控策略方法探讨及广州的实践 [CD]// 中国城市规划学会．共享与品质 2018 中国城市规划年会论文集．北京：中国建筑工业出版社，2018．

[10]　李燕，王芳．北京的人口、交通和土地利用发展战略：基于东京都市圈的比较分析 [J]．经济地理，2017，37（04）：5-14．

[11]　联合国人居署．城市规划——写给城市领导者 [M]．王伟等译．北京：中国建筑工业出版社，2016．

[12]　刘涛．国外 CBD 演化及开发对我国 CBD 建设的启示 [J]．上海城市管理职业技术学院学报，2007（02）：41-44．

[13] 陆原，郭晟，曾滢. 关于城市公共交通优先发展实践的思考 [J].
城市交通，2013，11（02）：13-16，72.

[14] 马海涛等. 东京新宿建设城市副中心的经验与启示 [J]. 世界地
理研究，2014，23（01）：103-110.

[15] 任赵旦，王登嵘. 新加坡城市商业中心的规划布局与启示 [J].
现代城市研究，2014（09）：39-47.

[16] 上海城投·DFV. 城市规划、连通与融资 [M]. 上海：同济大学
出版社，2013.

[17] 申凤，翟辉. "密路网，小街区"规划模式的土地利用与城市设
计研究——以美国波特兰市为例 [J]. 价值工程，2014，33（18）：
108-111.

[18] 束晨阳，刘冬梅，韩炳越，牛铜钢，马浩然. 绿色先行——北
川新县城园林绿地系统规划设计的实践与体会 [J]. 城市规划，
2011，35（Z2）：61-65.

[19] 吴恩荣. 高密度城市设计——实现社会与环境的可持续发展 [M].
北京：中国建筑工业出版社，2014.

[20] 吴志强，李德华. 城市规划原理 [M]. 北京：中国建筑工业出版
社，2010.

[21] 肖作鹏，柴彦威，张艳. 国内外生活圈规划研究与规划实践进展
述评 [J]. 规划师，2014，30（10）：89-95.

[22] 杨俊宴，吴明伟. 城市 CBD 与产业规模结构量化比较——中国
CBD 发展量化研究之三 [J]. 城市规划，2006（03）：13-19.

[23] 杨俊宴. 城市设计语汇 [M]. 沈阳：辽宁科学技术出版社，2017.

[24] 甄峰. 基于大数据的城市研究与规划方法创新 [M]. 北京：中国

建筑工业出版社，2015.

[25] 中国城市规划设计研究院，中国建筑设计研究院. 建筑新北川
[M]. 北京：中国建筑工业出版社，2011.

[26] 周岚. 论 CBD 的合理规模 [J]. 现代城市研究，1994（05）：19-22.

[27] 朱红等. 精细化管理背景下城市建筑总量的测算与管控研究——
以广州为例 [CD]// 中国城市规划学会. 共享与品质 2018 中国城
市规划年会论文集. 北京：中国建筑工业出版社，2018.

[28] 朱宏宇. 高密度住区的开放性——新加坡高层组屋公共空间研究 [J].
城市建筑，2016（22）：95-98.

[29] 朱权，唐翀，曹乔松，席海凌. 昆明公交专用道实践历程及系
统提升对策 [C]// 中国城市规划学会城市交通规划学术委员会.
2013 中国城市交通规划年会论文集，2013.

[30] 朱子瑜，李明. 纲举目张——北川新县城城镇风貌特色的建构与
探讨 [J]. 建筑学报，2010（09）:12-16.

后记

　　城市密度与强度涉及城市建设的方方面面，通过文献检索发现，专门针对城市密度与强度的系统化研究还比较少，因此本书的写作对我们来说是一个挑战。但城市密度与强度对于城市建设来说又是不得不面对的一个问题，城市密度与强度的适宜性会影响每一个人的生活，甚至社会秩序。本书结合国内外先进城市的案例，用平实易懂的方式，揭示密度与强度背后蕴含的基本原理与规律；从城市空间品质提升的视角，结合人的体验和空间感受，使读者深度认识和理解密度与强度对绿色城乡建设的支撑作用。

　　本书由广州市规划和自然资源局彭高峰牵头编写，广州市城市规划勘测设计研究院邓兴栋、黄慧明、王建军、唐勇、吴婕、朱红、萧敬豪、刁海晖、曾滢、周茂松、董博、詹美旭、朱寿佳、余晓婷、徐晓曦、狄德仕、邝迪峰等同志组成编写组。住房和城乡建设部标准定额司牵头，城市建设司、建筑节能与科技司协助本书编写工作。在编写委员会指导下，编写组在半年多的时间先后开展了 40 余次研讨，几易其稿，每一次的修改都是不断将专业知识变成浅显易懂的语言的过程。

　　本书各章前图分别由张永林、曾子翀、杨艺、连华龙、黎志涛拍摄；其他未注明图片出处的，均来源于全景网，在此一并感谢。

　　限于时间关系，本书缺漏在所难免。今后会根据各方面的意见或建议逐步修改和完善，以期更好地为绿色发展理念下我国城乡规划建设提供有益的参考。

彭高峰

2019 年 3 月